Imprensa operária e educação nos inícios do século XX

Imprensa operária e educação nos inícios do século XX

O jornal *A Voz do Trabalhador*

Célia Maria Benedicto Giglio

alameda

Grafia atualizada segundo o Acordo Ortográfico da Língua Portuguesa de 1990, que entrou em vigor no Brasil em 2009.

Edição: Haroldo Ceravolo Sereza/ Joana Monteleone
Editora assistente: Danielly de Jesus Teles
Projeto gráfico, diagramação e capa: Danielly de Jesus Teles
Assistente acadêmica: Tamara Santos
Revisão: Alexandra Collontini
Imagem da capa: Capa do jornal *A Voz do Trabalhador,* de 1º de maio de 1913.

CIP-BRASIL. CATALOGAÇÃO NA PUBLICAÇÃO
SINDICATO NACIONAL DOS EDITORES DE LIVROS, RJ

G39i

Giglio, Célia Maria Benedicto
Imprensa operária e educação nos inícios do século XX : o jornal A voz do trabalhador / Célia Maria Benedicto Giglio. - 1. ed. - São Paulo : Alameda, 2019.
224 p. ; 21 cm.

Inclui bibliografia
ISBN 978-65-86081-56-5

1. Imprensa trabalhista - Brasil - História - Séc. XX. II. Educação - Brasil - História. III. Título.

19-60805 CDD: 070.449331880981
CDU:070.15:331.105.44(81)

Alameda Casa Editorial
Rua 13 de Maio, 353 – Bela Vista
CEP 01327-000 – São Paulo, SP
Tel. (11) 3012-2403
www.alamedaeditorial.com.br

Sumário

Apresentação

Marta Maria Chagas de Carvalho
Universidade de São Paulo

O livro de Célia Maria Benedicto Giglio, que agora se publica, foi escrito como Dissertação de Mestrado defendida no Programa de Pós-Graduação em Educação da Universidade de São Paulo, em 1995. O texto constitui e analisa seu objeto com rigor histórico e minúcia analítica. Com sensibilidade, é generosamente empenhado na causa operária. Nesse sentido, é extremamente atual nas tristes circunstâncias políticas do Brasil de 2019.

Impactado pela experiência política da autora na greve dos professores estaduais de 1993, o livro analisa o jornal *A Voz do Trabalhador*, publicado no Rio de Janeiro entre 1908 e 1915, com o interesse principal de descrever e analisar as práticas educativas dos operários no início do século. Entre essas práticas, estão aquelas relativas à transmissão de saberes imprescindíveis para a manutenção da vida, referidas a um contexto determinado e ao conjunto das ações operárias.

Órgão da Confederação Operária Brasileira, o jornal tinha a finalidade de aglutinar os esforços de organização do operariado pelo país. Como jornal de recorte nacional, reunia notícias de toda as partes do Brasil. O compromisso de organização do operariado impunha ao jornal um formato em que se equilibravam as notícias do movimento operário, os comentários dos acontecimentos e a formação intelectual, direcionados para a emancipação proletária. Como registro da memória de trabalhadores no início do século XX, no momento em que se constituem como operários, o jornal é ferramenta preciosa para penetrar no mundo em que se moviam esses sujeitos históricos, fazendo Célia mergulhar num território pleno de tensões tecidas nas lutas políticas de indivíduos e de grupos.

Ler as diversas camadas do jornal exigiu que a autora pensasse o impresso operário nos seus aspectos materiais, como as estratégias de circulação que mobilizam práticas de leitura pouco usuais, fomentando o aparecimento de pensamentos novos e de novas práticas. Assim é que foi descortinada uma paisagem urbana como espaço privilegiado para a formação de comunidades de leitores. Comunidades de leitores que não se restringiam aos detentores das capacidades de leitura, mas que incluíam um público de ouvintes que, pela mediação do "ledor" ou leitor público, tornavam-se leitores/ouvintes. Assim é também que a autora identifica, nessa paisagem urbana, uma rede de distribuidores do impresso que incluía práticas rotineiras como a de deixar, em espaços públicos, exemplares do jornal, como meios para arregimentar novos leitores.

A tarefa de dar voz ao trabalhador e transformá-la em um texto impresso foi luta travada entre os mais generosos projetos políticos de classe e as precárias condições objetivas existentes para dar-lhes suporte. Feito por operários, com recursos dos operários e de suas organizações, *A Voz do Trabalhador* teria que lidar com as barreiras impostas por essas condições. Seu projeto de propagar a organização sindical e de emancipar os trabalhadores da tirania e da exploração capitalistas por meio da ação direta do sindicalismo revolucionário fez-se na luta contra a repressão policial e a ausência de recursos financeiros. Por conta disso, a publicação do jornal foi interrompida entre 1909 e 1913. Assim, dividido em duas fases

– 1908-1909 e 1913-1915 – o jornal assumiria a tarefa de educar o homem novo, livre do que considerava preconceitos inculcados pela religião e sentimentos patrióticos fratricidas.

Nessa tarefa educativa, *A Voz do Trabalhador* divulga, legitima ou corrige o curso das experiências operárias por meio de uma rede de iniciativas que se conjugam. Entre elas, a escola é apenas uma das formas possíveis de instrução e educação. É na vida que o jornal entende residir a educação por excelência. Para ele, segundo Célia, educar consiste em tornar os sujeitos autônomos, dotados da capacidade de decisão sobre a vida, realizando projetos. Implica pautar-se nos valores da solidariedade e da liberdade, construindo a moral como respeito a esses valores, na convivência entre os grupos.

Os temas relacionados à educação aparecem de modo mais intenso no jornal a partir da morte de Francisco Ferrer, em 1909. Em 1913, com a realização do Segundo Congresso Operário, o seu método racional e científico se torna orientação dominante no jornal, que passa a apontar a educação racionalista como a única capaz de destruir os principais fatores do atraso, que entende serem a política e a religião. É com essa orientação que o jornal promove uma multiplicidade de iniciativas educacionais. O trabalho dos sindicatos, dos centros de cultura, das bibliotecas e escolas articula-se numa rede espacialmente conjugada para realizar atividades de resistência e solidariedade, que se articulam nos espaços de trabalho e também nos de lazer, leitura, estudo, que se irradiam por lugares de convívio social, sedimentando a união e preparando para a sobrevivência da solidariedade em momentos de risco.

Gradativamente, a forma escolar vai ganhar mais visibilidade no universo das ações educativas libertárias que o jornal promove. Articulando críticas ao ensino burguês, visto como ensino que inculca falsos valores morais e conhecimentos carregados de preconceitos que visam à manutenção da ordem estabelecida, o jornal fixa sua atenção no desenvolvimento de um método de ensino capaz de escapar dos vícios da educação burguesa. É método capaz de dar acesso ao conhecimento científico e racional sem lhe impor limites.

Ancorado nessa crença sobre as potencialidades do ensino racionalista, o jornal empenha-se, segundo Célia, na construção de uma "cultura racional". Dessa cultura são expurgados os preconceitos de pátria e religião e no seu âmbito um projeto de escola é organizado segundo princípios racionais e científicos. Nessa pedagogia anarquista, que recusa as estratégias burguesas de escolarização do saber, a liberdade deve ser construída pela comunidade, sendo por isso um fato social. Nela, educação é peça fundamental para a conquista dessa liberdade, criando uma nova mentalidade revolucionária, construída a partir de relações autônomas e solidárias. Assim, estratégias de dominação são solapadas e o conhecimento é base para a construção de uma outra ordem social e instrumento de resistência contra a ordem estabelecida.

Prefácio

Lisete R. G. Arelaro
Universidade de São Paulo

Feliz decisão da professora Célia Giglio de publicar sua Dissertação de Mestrado, defendida em 1995, agora como livro para que o público em geral conheça sua brilhante pesquisa sobre os debates, as preocupações e o processo de formação operária, via o jornal *A Voz do Trabalhador*, que circulou entre os anos de 1906 e 1913. Célia sempre se interessou por aspectos importantes da construção de uma escola autônoma e democrática. E de como os alunos – sempre pouco consultados – poderiam ter voz ativa no ambiente escolar. E fez de sua longa prática docente, laboratório dessa convicção.

Trata-se de leitura fascinante não só pelo rigor científico da pesquisa realizada, mas pela linguagem clara e poética, com transcrição de pequenos textos do jornal, que nos obrigam a pensar a atualidade de certas discussões que à época se fazia e os tempos atuais.

Célia, já no início nos alerta, citando Halbwachs, que "A memória não é sonho, é trabalho" e, portanto, que os fatos não são só recordações de um passado que se foi, mas uma reconstrução revisitada, com as ideias de hoje, de imagens e fatos que aconteceram.

E de quem ela vai nos falar? Dos operários, cuja voz, desejos, sonhos e lutas são em geral desconhecidos ou ignorados. Mas, ela nos lembra que no início do século XX, estimava-se que 80% dos operários em São Paulo eram italianos e que foi aí que surgiram as primeiras organizações sindicais que marcariam as formas de lutas operárias até os anos 1920. E nos lembra que a Confederação Operária Brasileira (COB) foi criada durante o 1º Congresso Operário Brasileiro, ocorrido no Rio de Janeiro em 1906, que reuniu organizações de caráter sindical de todo país. O jornal *A Voz do Trabalhador* é criado nesse evento e as dificuldades de produção e circulação desse jornal são descritas brilhantemente pela Célia.

Conforme está descrito, o jornal nasce com a finalidade de ser um jornal nacional, assumindo a função de "núcleo aglutinador dos esforços de organização do operariado, divulgando informações vitais capazes de fazer superar as diferenças presentes nas lutas operárias, fornecendo perspectivas de unificação do movimento, a partir da divulgação sistemática da situação dos trabalhadores de todas as categorias no país, visando a emancipação do proletariado".

Sem recursos financeiros oficiais, a distribuição do jornal, escrito e produzido pelos próprios operários, primeiramente se faz por assinaturas e listas de subscrição e cada edição só pode ser garantida se eles conseguissem assinantes ou outras contribuições espontâneas. Organizaram-se festas em benefício do jornal e da publicação de folhetos. Teatro, poesia, conferências e outras manifestações reuniram os operários em torno da manutenção de seu jornal. Os engraxates, à época, foram distribuidores importantes. Quem imaginaria essa responsabilidade histórica deles?

Mostrando como as cidades vão se forjando e como nelas, os cortiços, em especial, os de São Paulo vão ser espaços de sobrevivência dos imigrantes, livres e pobres, na construção do trabalhador "novo", numa ordem social que lhes impunha a miséria.

São nessas condições que as comunidades de leitores vão se forjando... E esse leitor nem sempre é o que dominava a leitura e a escrita. Célia, cita Jacob Penteado que nos informa (...) "Muitas vezes, quando ficávamos à espera de que o vidro fundisse, eu reunia meus companheiros de sofrimento e ensinava-lhes as primeiras letras ou lia-lhes livros de histórias".

Mas Célia nos lembra que, como estamos no início da divulgação do pensamento anarquista no Brasil, os impressos operários, por suas características doutrinárias, construíram uma rede de divulgação daqueles discursos, tornando-se, em pouco tempo, combatidos explicitamente pela polícia, pela igreja e pela própria escola. Evidentemente, estas instituições não queriam que os operários e seus filhos recebessem uma educação libertária, especialmente a polícia, uma vez que houve inúmeros episódios de fechamento dos jornais e de destruição de bibliotecas de sindicatos. É fato que estamos falando do início do século passado, mas, alguns poderiam afirmar que o mesmo vem acontecendo no final da 2ª década do século XXI, com o legado indígena, dos camponeses e dos sindicatos, bem como das intervenções nas escolas por meio do crescimento do conservadorismo e das propostas do movimento "Escola sem Partido".

Em 1914, não por acaso, o estado de sítio interrompe a publicação do Jornal, e, por um período de três meses, fica sujeito à censura da polícia para poder ser publicado. Mas, apesar de todas as precariedades, sobrevive.

Uma das discussões mais interessantes que Célia nos traz, refere-se à discussão sobre educação e escola que a Voz do Trabalhador faz. Para os anarco-sindicalistas, a escola era apenas uma das formas possíveis de educação. Eles diziam: "Na vida, reside a educação por excelência. Educar é ação distinta de instruir. A educação só se realiza socialmente, estando, portanto, intimamente vinculada às atividades que os homens executam e com o tipo de relação que mantêm com os outros homens". Pareceu-me ouvir as propostas do Professor Paulo Freire para a educação atual...

Célia nos mostra como as questões de educação no jornal surgem sempre ligadas às críticas à religião e ao militarismo; a educação seria, para eles, o único elemento capaz de enfrentar os preconceitos cultivados pelo Estado e pela Igreja, principais sustentáculos da exploração. "O monopólio da educação, seja pelo Estado ou pela Igreja, torna-se fator de eternização da ordem, pela reprodução dos valores que representam." Eles temiam que, com eles, jamais a educação levaria à emancipação do operariado. É verdade, também, que estamos vivendo momento de caça aos "marxistas culturais" e de defesa da pseudo neutralidade da escola, razão porque as propostas de *home schooling* (ou educação doméstica) só vêm sendo discutidas por medo do poder ideológico dos conteúdos escolares, ao contrário da crítica daquele momento.

Sobre a necessidade da Escola racional e a impossibilidade da neutralidade da escola vai ser Florentino, outro educador, que Célia nos traz para argumentar que, "se fosse possível uma escola neutra, esta pouco poderia ensinar, 'porque os conhecimentos adquiridos destroem as velhas noções que predominam nas sociedades e na mente das multidões. Existe porventura uma moral que convenha ao mesmo tempo a Voltaire e a S. Ignacio?'"

Em função dessa avaliação sobre a atuação do estado e a Igreja, os sindicatos operários são aconselhados a fundarem escolas, que eles considerassem apropriadas para a sua educação. Várias iniciativas foram tomadas e escolas foram instaladas em casas alugadas pelos sindicatos, ou nas suas próprias sedes, abrigando cursos diurnos e noturnos, onde, predominantemente, fazia-se o ensino das chamadas primeiras letras.

Foram chamadas de Escolas Racionalistas ou Escolas Modernas, e, grosso modo, tinham em Francisco Ferrer, educador espanhol anarquista, criador da Escola Moderna de Barcelona, suas referências para a nova organização "racional" da educação.

Importante lembrar que a Escola Moderna nº 1, pioneira na modalidade, que funcionava no bairro Belenzinho, em São Paulo, teve João Penteado como professor e responsável, e seu acervo se encontra sob responsabilidade do Centro de Memória, da Faculdade de Educação da USP.

Pode-se imaginar que os professores dessas escolas eram alvos preferenciais da polícia e Célia nos lembra que um desses professores, o professor Edmond Rossoni – que trabalhava na escola Racionalista, mantida pela Liga dos Vidreiros – chegou a ser expulso do Brasil. E ainda nos descreve, com humor, citando Bakunine, a ilegalidade da medida:

... "As causas da expulsão? Oh! Eram graves, muito graves. Rossoni cometeu um crime horrendo, um delito imperdoável: dedicava-se à instrução racional da infância, ministrava aos filhos dos operários um ensino livre de preconceitos patrióticos e religiosos. E o governo não podia tolerar semelhante coisa. Ele quer preparar para o porvir escravos submissos que obedeçam humildemente às prepotentes ordens dos Prados e não homens conscientes como os que o companheiro Rossoni preparava (...) Mas a lei, quando quer condenar e não tem motivos, inventa-os. Foi o que fez com Rossoni." O caso pareceu-me semelhante a outros atuais que se processam no Brasil...

Mas, o surpreendente foi saber que também a educação emancipadora das mulheres fosse razão de preocupação e proposta dos anarquistas da época. Diziam eles no jornal de nº 38 (set/1913): "As mulheres devem estar prontas para discutir as questões político-sociais, animando a luta contra os opressores. (...) Queremos ver a mulher emancipada moralmente, (...) tornando-se companheira inteligente do homem, para que o possa animar na luta que ele empenha contra seus opressores (...) A mulher proletária deve revoltar-se contra a sociedade atual, que condena seus filhos à miséria e vagabundagem e o marido à decadência física e moral, devido ao brutal trabalho".

Sem dúvida era uma posição bastante avançada para a época, e, em especial para as mulheres, pois poucas eram trabalhadoras de fábricas. Propor isso, para as mulheres que "cuidavam dos filhos e da casa" era inédito na nossa história. Também a formação dos militantes era uma grande preocupação e objetivo deles, para se garantir a coerência de ideias e práticas, o que originou a criação de Centros Operários de Cultura, que ofereciam diferentes atividades culturais e em horários que os operários e suas famílias pudessem frequentar.

É importante destacar que a liberdade para os anarquistas era um fato social, ninguém nascia com ela, eles diziam, e por isso, ela deveria ser construída pela comunidade. Consideravam a educação e a instrução fundamentais para a conquista dessa liberdade, para a "desalienação, para a destruição da ideologia da dominação e de criação de uma nova mentalidade revolucionária. A escola deve ser um centro onde seja disseminada a verdade e onde a ciência, construída por todos, deve ser igualmente distribuída entre todos".

E como nos diz ao final do trabalho, a Prof.ª Célia, "encontramos no jornal não um mapa detalhado de intenções relativas às preocupações educacionais, mas a vida da organização sindical repleta de tensões e contradições e o esforço de construção da emancipação proletária por todos os meios e em todos os espaços." (p. 198)

Por tudo isso, a leitura desse importante trabalho acadêmico é fundamental. Vocês não ficaram curiosos ou curiosas para conhecer outros aspectos dessa experiência pioneira de produção intelectual do operariado no Brasil?

Comprem o livro e inspirem-se! Quem sabe vocês se animam e constroem uma nova proposta de escola "racional" emancipadora!

São Paulo, agosto de 2019.

Introdução

O conjunto da produção historiográfica da educação no Brasil privilegiou, em grande medida, o exame de acontecimentos entendidos relevantes porque partilham da história oficial. Presumimos que este fato decorre não somente de um status particular atribuído a constituição dos acontecimentos e a preservação documental que os registram, mas também aos limites impostos pela metodologia de trabalho do historiador que sustenta, necessariamente, pressupostos teóricos que legitimam a emergência de temas e objetos de investigação.

Medidas de ordem governamental e legislativas, como as reformas do ensino, de âmbito nacional ou estadual, e outras, ocuparam grande parte das atenções dos historiadores da educação no Brasil.

Contemporaneamente, estes estudos têm tido a importante tarefa de lançar luzes aos problemas presentes, contribuindo para o entendimento e interpretações que possamos fazer deles. No entanto, o debate entre historiadores e demais pesquisadores sociais trouxeram à tona preocupações e temas que, não obstante estarem presentes em várias produções acadêmicas, produziram inquietações e solo suficiente para a ousadia de novas abordagens e o exame de novos objetos de investigação, possibilitando o surgimento de questões que podem contribuir com o esforço de análise e interpretação dos problemas educacionais.

Uma geração de historiadores brasileiros, influenciados pelo debate referente aos paradigmas das ciências sociais, tematizaram a “história dos vencidos” e outras abordagens deram visibilidade a parte daqueles figurantes. O tom quase sempre predominante foi o da denúncia, numa clara tentativa de resgatar a dívida com relação à essa outra parte da história.

Referido ao campo educacional, esse debate pôde, por um lado preencher uma lacuna importante deixada pela produção anterior, na medida em que autorizou o aparecimento de novos problemas e possibilidades de abordagem dos objetos de investigação. De outra parte, a produção teórica educacional, encerrada sobre si mesma, parece resistir a um movimento mais geral de desnaturalização desses mesmos objetos, retirando-os do campo que, supostamente, erigiu-se como privilegiado e legítimo.

Saber como, entre as criaturas comuns, acontece a prática da educação, da transmissão de saberes importantes e, muitas vezes, imprescindíveis para a manutenção da vida; como elas se relacionam com as instituições a cada tempo e por que a educação escolar assumiu, na nossa cultura, formas tão rígidas de funcionamento, que distribuem desigualmente os indivíduos e grupos na sociedade, são algumas perguntas que se tenta responder.

Nesse exercício de reflexão, ousamos buscar algumas possíveis respostas a estas questões, focalizando os trabalhadores do início do século XX no momento em que se constituem como operários, formando um grupo diferenciado e nascente que participa da luta social como polo dinâmico, construindo uma representação particular de si próprios e da sociedade da qual partilhavam.

A imprensa operária é nosso objeto de investigação, como forma de expressão cultural importante, por estabelecer uma espécie de rede de comunicação entre as organizações operárias, capaz de nutrir as lutas, distribuindo determinados tipos de discursos que inauguram o aparecimento de pensamentos novos, de novas práticas de luta que visavam resistir à ordem capitalista.

Na tentativa de uma análise mais ampla a respeito das práticas educativas desenvolvidas entre os operários, encontramos no jornal *A Voz do Trabalhador* (1908-1915) características específicas que respondem à amplitude de preocupações que nos guiaram, no sentido de constituir-se como jornal que se propunha assumir a função de núcleo aglutinador dos esforços de organização do operariado espalhado pelo país.

Esse compromisso impôs ao jornal um formato equilibrado entre as notícias do movimento operário, os comentários dos acontecimentos e a formação intelectual direcionados sempre para a emancipação proletária.

A história da educação referente ao período registra, basicamente, o intenso debate das elites no campo educacional, sendo particularmente fértil em propostas de reforma e busca de um projeto educacional para o país.

Essa entrada particular exigiu que ao longo do trabalho fôssemos aprendendo a "ler" as diversas camadas do jornal e localizá-lo no ponto de cruzamento para o qual confluem as representações que, contraditoriamente, constroem a realidade. A partir das relações e tensões presentes na luta entre os indivíduos e grupos, foi que tentamos localizar as preocupações e práticas educativas expressas no jornal, tendo encontrado um projeto, marcadamente anarquista, de educação.

O violino do trabalhador

Homens simples, vindos de outros países em busca de trabalho, vindos do campo para a cidade grande movidos pela mesma necessidade, se transformaram em rostos sem nome.

Os caminhos trilhados cotidianamente a pé, nos bondes, nos trens até a fábrica, até a construção, disciplinaram suas mentes e corpos. O que vai é o corpo, quase que mecanicamente, como se já não tivessem poder sobre o seu deslocar.

Mesmos caminhos, mesmo horário, mesmo avental, mesma ferramenta. O que há de vida reduz-se a um eterno repetir e a vontade vai guardando, aos poucos, um quê de rebeldia muda. De alguma forma este NÃO ao embrutecimento se traduz em pensamentos, gestos, objetos guardados ou construídos; algo que demonstre e negue a condição de homem-máquina, de rosto sem nome.

De aparência nada poética e antes marcada pela rudeza do trabalho, espoliado do direito de conhecer e contemplar uma outra vida, o trabalhador que molda a madeira, em um eterno ajustar de portas e janelas em moradas que jamais serão suas, explode sua rebeldia ao entalhar um violino.

Um violino, o instrumento que traduz nas linhas a vontade de desfazer caminhos sempre tão determinados. Suas curvas são ondas inesperadas que se seguem em harmonia e se encontram.

Parece poder escorregar por elas os dedos de pele grossa e unhas cortadas a canivete. Ao mesmo tempo, o trabalhador o abraça com um sorriso satisfeito no rosto. O encaixe ao ombro, próximo ao pescoço é perfeito.

A madeira é lisa e não se pode ver a junção de suas partes tal foi o cuidado tomado na construção. Um braço se estende por sobre a caixa, mas não impede o caminho dos que queiram escorregar sobre ela o olhar contínuo. Um lugar para cada uma das quatro cordas é reservado e quadrantes marcados por delicadas saliências guardam as possibilidades de muitas combinações.

Cordas que se tocam, dedos palmilham os quadrantes e o vazio do interior da caixa se encherá do tremor produzido pela agitação das cordas. Sons penetrantes sairão dali, como vozes a cantar, a chorar, a gritar. É possível ao violino livrar-se da mudez e do anonimato.

Dispositivos para prender as cordas são escavados na madeira bruta, talvez com instrumento pouco preciso, pois neles é possível perceber a aspereza da madeira. As cordas são colocadas frouxamente sobre a bela caixa, agora de um tom marrom avermelhado. É hora da corda que as outras tocará. É preciso um pedaço de madeira mais longo, que ofereça conforto ao violino e ao homem que o segure. Outra corda, desta vez presa definitivamente de um lado, rematada por outro pedaço de madeira; do outro lado é presa por um prego cuja cabeça foi cuidadosamente serrada.

O violino está pronto. Contempla-se o objeto feito a semelhança de uma lembrança. Violinos vistos em fotos de revista, ouvidos em alguma música do rádio. Talvez ouvido na infância, tocado por um vizinho, parente ou amigo.

O violino foi encontrado após a morte do trabalhador. Junto, uma caderneta agrícola do Departamento Estadual do Trabalho, um par de óculos quebrados, algumas ferramentas. Nenhum herdeiro há para o pequeno tesouro. A descoberta do violino é a descoberta dos sonhos e da luta secreta que manteve aquele trabalhador.

O violino foi um sonho que alimentou o pensamento e transformou-se em realidade. Súbito, porém, calou-se, sem jamais ter emitido uma nota. O trabalhador não o sabia tocar.

Célia Maria Benedicto Giglio

A construção de uma identidade operária

> ... Uma resistência diária à massificação e ao nivelamento, eis o sentido das formas da cultura popular.
>
> Empobrecedora para a nossa cultura é a cisão com a cultura do povo: não enxergamos que ela nos dá agora lições de resistência como nos mais duros momentos da história da luta de classes.
>
> Mas essa diversidade caiu no vazio; não há memória para aqueles a quem nada pertence. Tudo o que se trabalhou, criou, lutou, a crônica da família ou do indivíduo vão cair no anonimato ao fim de seu percurso errante. A violência que separou suas articulações desconjuntou seus esforços, esbofeteou sua esperança, espoliou também a lembrança de seus feitos."[1]

Nosso interesse, ao examinar impressos operários, tem o pressuposto da possibilidade de uma entrada especial para a análise da história de constituição de um grupo, uma classe nomeada inicialmente como classe operária. Nesse universo buscamos o encontro com as experiências de educação por eles desenvolvida.

---

1 BOSI, Ecléa. Cultura de massa e cultura popular: leituras de operários. Petrópolis: Vozes, 1989, p. 23.

A educação, hoje oferecida às camadas populares ou aos filhos e aos próprios trabalhadores, é fruto de um longo acúmulo de experiências de escolarização, que no Brasil tomam caráter popular no período coincidente ao da formação do operariado fabril.[2] Pouco sabemos sobre as iniciativas não oficiais de ensino, principalmente se buscarmos referenciá-las a uma cultura própria daqueles trabalhadores.

O modelo escolar imposto à nossa sociedade, respondeu a um movimento amplo de institucionalização dos saberes e da cultura que serviu de base à sustentação do desenvolvimento capitalista, perdendo-se a memória daquelas experiências educativas que reforçaram a identidade de grupos.[3]

Ecléa Bosi, em seus trabalhos[4] tem destacado as questões relativas à cultura popular e à memória de velhos. Estes dois estudos nos falam de maneira brilhante sobre o mundo da cultura como espaço de liberdade no imaginário operário. Sobre como a velhice

---

2 Após proclamada a República, a educação passou a figurar como distintivo da nova ordem. A partir de 1915, o movimento pela difusão do processo educacional toma vulto, dando início à construção do sistema de ensino público.

3 Nóvoa, em estudo que analisa a gênese da profissão docente, descreve a transição de uma sociedade onde a educação se faz por uma espécie de impregnação cultural das formas de transmissão de saberes, códigos e significações, para uma sociedade onde a forma escolar, caracterizada por um complexo sistema de ensino, toma para si a tarefa intencional de educar, primeiramente realizado pela igreja e depois de domínio estatal. NÓVOA, Antonio. Para o estudo sócio-histórico da gênese e desenvolvimento da profissão docente. Revista *Teoria e Educação*. Porto Alegre, Pannonica. n. 4. 1991. p. 109-139.

4 Ver mais em: BOSI, Ecléa. Memória e Sociedade: lembranças de velhos. 3.ed. São Paulo: Companhia das Letras, 1994; e BOSI, Ecléa. Cultura de Massa e Cultura Popular: Leituras de Operários. Petropolis. Vozes, 1989.

se vê ela própria como parte dos desvios e do esquecimento, apesar de "todos terem trabalhado".

Tratando do modo pelo qual se vai formando a "reconstrução do passado" na memória, Ecléa Bosi nos apresenta a teoria psicossocial de Maurice Halbwachs, que estuda as relações entre memória e história pública. Focalizando "quadros sociais de memória", toma uma perspectiva que fixa a atenção na realidade interpessoal das instituições sociais. "A memória do indivíduo depende do seu relacionamento com a família, com a classe social, com a escola, com a igreja, com a profissão; enfim, com os grupos de convívio e os grupos de referência peculiares a esse indivíduo".[5]

A memória enquanto fenômeno social, segundo Halbwachs, só excepcionalmente ganha caráter onírico; lembrar na maior parte das vezes "não é reviver, mas refazer, reconstruir, repensar, com imagens e ideias de hoje, as experiências do passado. A memória não é sonho, é trabalho".[6]

Para um exame mais detalhado do modo de "reconstrução do passado", Ecléa relata a situação tomada como exemplo: a releitura que o adulto faz de um livro de narrativas lido na juventude.

Essa releitura aguarda que a memória da obra faça reviver as experiências da primeira leitura. No entanto, o livro parece não ser o mesmo: as sensações anteriormente provocadas são substituídas por outras, os detalhes do ambiente, as palavras, os tipos, parecem ter-se remanejado. Certas passagens antes despercebidas ganham relevo, o leitor agora: "... move-se em uma direção crítica e cultural", que não podiam guiá-lo na primeira leitura.

---

5 BOSI, Ecléa. *Memória e Sociedade: lembranças de velhos.* 3.ed. São Paulo: Companhia das Letras, 1994, p. 54.

6 *Idem*, p. 55.

> Tudo se passa como se o objeto fosse visto sob um ângulo diferente e iluminado de outra forma: a distribuição nova das sombras e da luz muda a tal ponto os valores das partes que, embora reconhecendo-as, não podemos dizer que elas tenham permanecido o que eram antes.[7]

Segundo a autora, o leitor adulto "entremeia com suas reflexões a percepção das imagens relidas". A lembrança e a crítica alteram a qualidade da segunda leitura que já não mais "revive", mas "re-faz" a experiência da primeira.

A memória relativa às práticas educativas dos trabalhadores do início do século XX, portanto, transforma-se num exercício de reconstrução da "fisionomia dos acontecimentos" para só aí verificarmos como se instauram as formas e práticas de educação em seu contexto próprio e relativamente ao conjunto das ações operárias. Entendemos o impresso operário como *lugar de memória* que nos permite penetrar esse produto cultural.

Trabalhos como os de Ecléa Bosi, sobre a memória ou ainda sobre a leitura operária enquanto processo que se inscreve na vida e no trabalho são capazes de fornecer elementos valiosos para a compreensão da resistência expressa na construção de uma cultura operária própria. Referimo-nos aqui às formas de apropriação cultural efetuadas pelos diferentes grupos, caracterizadas não só pela distribuição desigual, mas pelos usos diferenciados dos mesmos materiais.

---

7 M. Halbwachs. *Les cadres sociaux de la mémoire*, p. 16. Apud BOSI, Ecléa. *Memória e Sociedade: lembranças de velhos*. 3.ed. São Paulo: Companhia das Letras, 1994, p. 57.

Práticas cotidianas desenvolvidas entre os operários e nascidas de sua organização podem ser resgatadas a partir do exame dos impressos. Que valores estão em jogo quando um grupo tenta imprimir à classe formas específicas de luta? Que conteúdos emprestam sentido à vida dos trabalhadores do início do século XX e que podem restituir-nos parte de uma memória que foi socialmente construída e apagada?

Trabalhadores: quem são eles?

> ... Minha vida no tempo da escravidão era trabaiando, de cedo à noite. Era no enxadão, de cedo à noite. Só largava de noite. Comendo em cuia de purungo, em cochinho de madeira..., racionado ainda!... Nois não tinha tempo nem de descansar as cadeira, nem dez minuto que agora. E o feitor ali, com o bacaiau – que agora dizem chicote – mas naquele tempo eles diziam bacaiau...
>
> Naquele tempo ninguém trabaiava pra si. Trabaiava só pra eles, pros feitores, pros chefes. Trabaiava pra comida. Pra comida que comia, e era assim que se trabaiava. E ali não podia parar. O feitor batia! ... Então era assim. Passa aqui, para ali, e nois comendo geada, pézinho no chão, a calça era daquelas saca de açúcar, ralinho, a camisa daquelas ralinha, pézinho no chão, geada, enfrentando tudo que era serviço, passando fome...
>
> Não tinha descanso, e se o feitor soubesse que qualquer um reclamou, eles mandava pegar e argemava e amarrava no meio do terreiro – que eles diziam tronco – e ficava o dia, tivesse frio, tivesse garoa de mar, sol, ficava amarrado, argemado. Se garrava o mar,

> porque não aguentava a judiaria, saia, ia pro mato, deitava no mato, fugia.
>
> Mas eles iam atrás e achavam. Era dura a luta! No enxadão, picareta, arando o chão, rancando raiz de pinheiro, raiz de madeirada, destes tocos duros, o dia todinho, sem descanso, de cedo à noite, não guenta!... Naquele tempo não tinha crime, não tinha cadeia, eles fazia o que eles queriam. Se eles mandava matar qualquer um, ora, eles é que eram governo. Eles eram os chefes. Eles eram brancos. Faziam o que queriam...
>
> Aquele tempo não era tempo de batizado, nem de registro, nem de era, nem de data em que nasceu. Então a gente não tinha liberdade de sair. Era mesmo que uma boiada no campo [Sic].[8]

Estas são memórias do Senhor Mariano Pereira dos Santos, um ex-escravo das fazendas do Paraná. Ele foi parte do primeiro grupo social de trabalhadores no Brasil. As formas de organização destes trabalhadores são objeto de muitos estudos que tentam reconstruir as múltiplas estratégias de resistência desenvolvidas pelos escravos no Brasil.[9] Trabalhadores que podem ser comprados e

---

8 MELLO, Fernando Figueira de. *Memória de um Ex-Escravo. Trabalhadores.* 2ª Ed. São Paulo: PMC, 1991, p. 20-24. Veja-se também: *Revista História: Questões & Debates.* Ano 4, Nº 6. Associação Paranaense de História: Curitiba, jun.1983.

9 Dentre eles, veja-se REIS, João José. *Rebelião escrava no Brasil. A história do levante dos malês (1835).* São Paulo: Brasiliense, 1986; LUNA, Luiz. *O negro na luta contra a escravidão.* 2.ed. Rio de Janeiro: Cátedra/INL, 1976; LARA, Silvia Hunold. *Campos da Violência. Escravos e senhores na capitania do Rio de Janeiro: 1750-1808.* Rio de Janeiro: Paz e Terra, 1988; REIS, João José (org.). *Escravidão e invenção da liberdade.* São Paulo: Brasiliense,

vendidos, oferecidos em leilões públicos. Seu destino: as lavouras e os trabalhos domésticos. Trabalhador e força de trabalho unos, indivisos, transformados ambos em mercadoria.

A memória reconduz ao fazer incessante de intermináveis jornadas de trabalho associadas à vigilância. "Aquele tempo não era tempo de batizado, nem de registro, nem de era..."[10] O tempo estava do lado de fora, não partilhava da identidade dos escravos. O tempo branco, do senhor proprietário das fazendas. Tempo despótico que sujeita os corpos ao trabalho; que marca vida e morte, que organiza a produção baseada nos castigos corporais exemplares e na constante ameaça de desagregação dos mais tênues laços familiares e ou de solidariedade.

O Sr. Mariano conta que *"o* pai e a mãe via [a criança] quando era pequeno. Depois eles tiravam, traziam. E o pai não tinha direito mais. Nem o pai, nem a mãe. Porque os pais não governava nem o que tinha".

Mesmo nas fazendas onde era permitido ao escravo cultivar suas roças e até produzir para a própria subsistência, a possibilidade de enraizamento, de laços, e o estabelecimento de alianças mais duradouras encontrava-se à mercê do senhor; havia a possibilidade permanente de serem postos à venda.

A escravidão no Brasil ganha contornos regionais quanto às formas de sujeição ao trabalho. Na Corte, o escravo desempenhava outras tantas tarefas, além da de trabalhador braçal nas roças.

1988; CHALHOUB, Sidney. *Visões da Liberdade: Uma visão das últimas décadas da escravidão na corte.* São Paulo: Companhia das Letras, 1990; CHALHOUB, Sidney. *Trabalho, lar e botequim. O cotidiano dos trabalhadores no Rio de Janeiro da Belle Époque.* São Paulo: Brasiliense, 1986.

10 MELLO, Fernando Figueira de. *Op. cit.* p. 20-24.

Muitos realizavam tarefas que implicavam saídas das fazendas; outras formas de exploração, surgidas como a existência dos "negros de ganho" possibilitaram a ampliação do exercício de uma liberdade vigiada. Nestes casos, o cativo realizava trabalhos para terceiros, sendo a renda resultante entregue ao senhor. Abria-se a possibilidade, para parte dos cativos, de produzir um excedente de trabalho, do qual se apropriavam, formando um pequeno pecúlio que poderia ser utilizado para a compra da liberdade. Há casos ainda de negros libertos – alforriados – que por sua vez tornam-se proprietários de escravos, reproduzindo o cativeiro em novas bases.

Chalhoub, ao tratar da paisagem urbana do Rio de Janeiro, recupera a época de proliferação dos cortiços a partir das décadas de 1850-1860, ligada especialmente ao aumento do fluxo de imigrantes portugueses e o crescimento do número de alforrias obtidas pelos escravos. À época, tornava-se comum aos cativos conseguirem autorização de seus senhores para viverem "sobre si".

> Na verdade, obter permissão para viver 'sobre si' era algo pelo qual os escravos da Corte se empenhavam bastante. Viver longe da casa do senhor era uma maneira de adquirir maior autonomia nas atividades produtivas, além de representar a possibilidade de levar uma vida praticamente indiferençável em relação à população livre da cidade. Para os senhores, esse tipo de arranjo era muitas vezes vantajoso, pois permitia arrancar rendimentos mais elevados aos cativos, além de desobrigá-los das despesas com o sustento dos negros. Para os escravos, a maior autonomia de movimento tinha também a vantagem adicional de facilitar jornadas extras de trabalho, com o

> objetivo de amealhar dinheiro suficiente para comprar sua liberdade aos senhores.[11]

As habitações coletivas nas últimas décadas da escravidão significaram a conquista de um espaço de liberdade, distante ainda que temporário da sujeição e dependência do senhor. Nesses espaços puderam engendrar-se relações de solidariedade e o reencontro de famílias. Chalhoub identifica o tempo dos cortiços do Rio com o da intensificação das lutas dos negros pela liberdade.

Ao longo da segunda metade do século XIX, na Corte do Rio de Janeiro, muitas reivindicações de escravos passaram a surgir, com respeito ao pecúlio que conseguiam juntar com o fim de comprar sua própria alforria. A Lei do Ventre Livre, de 1871, que tornava *livres os filhos dos cativos* a partir daquela data, reconheceu ainda como legal este pecúlio acumulado, tornando juridicamente válida a compra da alforria; assim, o domínio do senhor sobre seus escravos passava a ter limites jurídicos. No entanto, é possível imaginar que os efeitos da lei, fora da efervescência da Corte, tenham sido praticamente irrelevantes, que a liberdade das novas gerações se vinculava necessariamente ao conhecimento dessa liberdade e das condições de permanência efetiva das crianças com os pais.

O Sr. Mariano, falando sobre as crianças que nasciam de escravas, diz: "É, depois, até desmamar. Depois eles iam lá, dava-lhes um dinheirinho. Pouquinho. E já traziam. Depois de desmamada.

11 CHALHOUB, Sidney. *Classes Perigosas. In: Trabalhadores: Classes Perigosas.* Associação Cultural do Arquivo Edgard Leuenroth. UNICAMP/ IFCH. Campinas, S.P. 1990, p. 2-22.

Traziam. Aí, eles iam criando no regime deles. No crime deles. Até a idadinha que podia trabaiá."[12]

O trabalhador livre e o escravo coexistiam. Parte dos trabalhadores livres compunha-se, além dos imigrantes, de negros libertos e mestiços, trabalhando como pequenos artesãos, comerciantes e, grande parte, como agregados de grandes fazendeiros; porém, sua presença fazia-se de maneira complementar, fundamentada essencialmente na sociedade escravocrata.

Outra parte é a população destituída da propriedade e dos meios de produção, mas que não estão submetidos nem ao trabalho forçado nem à proletarização. Constituem o que Maria Sylvia chamou "ralé"; são homens "a rigor dispensáveis, desvinculados dos processos essenciais à sociedade".[13]

Nas décadas de 1840-1850, alguns fazendeiros, diante da condenação do tráfico negreiro – declarada pela Inglaterra – e das dificuldades que anteviram para manter seus negócios, tanto no que diz respeito à renovação de levas de escravos quanto às revoltas e fugas que se sucediam, experimentaram a mão-de-obra européia como alternativa à produção; no entanto, a cultura da máxima exploração – ao estilo do trabalho escravo –, somada à ausência de um mercado livre de reserva e à inexistência de obrigações do imigrado para com o fazendeiro, tornaram a resistência dos imigrantes à exploração um obstáculo à adoção da medida em grande escala. Eram necessários ajustes na legislação para realizar

---

12 MELLO, Fernando Figueira de. *Memória de um Ex-Escravo. Trabalhadores.* 2ª Ed. São Paulo: PMC, 1991, p. 20-24.

13 FRANCO, Maria Sylvia de Carvalho. *Homens Livres na Ordem Escravocrata.* 3.ed. São Paulo: Kairós, 1983. p. 14.

essa importação de forma segura, que obrigasse o trabalhador à sujeição imposta pelo fazendeiro.

Quando a abolição é tornada fato, os fazendeiros paulistas passaram a substituir a mão-de-obra escrava pela mão-de-obra imigrante, ou seja, forma-se um mercado de trabalho de mão-de--obra livre, assalariada, que acabou por atender a expansão da produção cafeeira. Os países atingidos por crises ou transformações econômicas, que geraram forte desemprego no campo, foram os que mais incentivaram a política imigrantista iniciada já em meados de 1887, ano marcado por fugas em massa e o acirramento das revoltas de escravos. O homem livre – trabalhador – surge da emancipação dos escravos e da presença do imigrante.

Ao explicar a "importação de trabalhadores", Martins demarca as bases em que a exploração do escravo no processo produtivo se assenta no Brasil. A escravidão colonial é definida como uma modalidade de exploração da força de trabalho baseada direta e previamente na sujeição do trabalho, através do trabalhador, ao capital comercial. O escravo, além do tempo de trabalho necessário à sua reprodução, deveria produzir um excedente para pagar ao traficante o seu uso, a sua exploração. Há, portanto, nesse processo produtivo, relações comerciais determinantes.

> Para ser lançado nas relações sociais da sociedade escravocrata, o trabalhador era despojado de toda e qualquer propriedade, inclusive da propriedade de sua própria força de trabalho. Diversamente do que se dá quando a produção é diretamente organizada pelo capital (e não pela mediação da renda), em que o trabalhador preserva a única propriedade que pode ter, que é a da sua força de trabalho, condição para entrar no mercado como vendedor dessa mercadoria, esse

> despojamento absoluto é a pré-condição para que o trabalhador apareça na produção como escravo.[14]

Dessa forma, o engajamento de imigrantes e ex-escravos, nesse mercado, ocorre diversamente. A formação de um mercado para o trabalho livre trouxe para o ex-escravo a propriedade da sua força de trabalho, enquanto que o imigrante, expulso da terra e sem propriedades, nada tinha além da propriedade de sua força de trabalho. "Para um a força de trabalho era o que ganhara com a libertação; para outro era o que lhe restara."[15]

O escravo desempenhava nessa ordem, duas funções: a de fonte de trabalho e a de fonte de Capital. Era, ao mesmo tempo, o fator que garantia a produção e a condição para que o fazendeiro obtivesse dos capitalistas ou dos brancos o capital necessário à expansão de suas fazendas. "O escravo era o penhor de pagamento dos empréstimos". A terra propriamente dita, ou as extensões dominadas pelo senhor nenhum valor teria, não fosse a possibilidade de cultivo. O capital imobilizado no escravo, portanto, era a base da riqueza. Com a cessação do tráfico negreiro da África para o Brasil, colocaram-se problemas à continuidade de exploração da terra nos mesmos moldes, ou seja, da sujeição do trabalho.[16]

As terras, até então, eram ocupadas por homens livres e ou possuidores de títulos de sesmarias; eram praticamente destituídas de valor. Em 1850, surge a Lei de Terras, que dá novos contor-

---

14 MARTINS, José de Souza. *O cativeiro da Terra*. São Paulo: LECH-Livraria Editora Ciências Humanas, 1981, p. 16.

15 *Idem*, p. 17.

16 Ainda que o trabalhador imigrante fosse uma possibilidade, preferiria trabalhar para si próprio a ocupar o lugar dos braços escravos na produção de café, caso o valor das terras fosse baixo.

nos ao uso e posse da terra, dificultando a conquista da propriedade. A lei proíbe a abertura de novas posses e as terras devolutas passam a ser monopólio do Estado, adquiridas apenas pela compra, limitando os espaços do camponês e vedando o acesso a elas por parte deles e dos imigrantes recém-chegados.[17]

> Combinava-se de novo, sob outras condições históricas e, portanto, de outra forma, aparentemente invertidos, os elementos de sustentação da economia colonial. A renda capitalizada no escravo transformava-se em renda territorial capitalizada: num regime de terras livres, o trabalho tinha que ser cativo; num regime de trabalho livre, a terra tinha que ser cativa.[18]

Essa transformação garantia uma oferta compulsória de força de trabalho à grande lavoura, "pois os trabalhadores sem recurso, a ela não teriam acesso sem o trabalho prévio nas fazendas de café". O trabalho cativo convive com a presença do imigrante e de uma parcela de trabalhadores livres, submetidos a uma ordem escravocrata. "Os livres e pobres eram encarados pelos senhores como um segmento que poderia ser tratado de forma assemelhada àquela que caracterizava a condição cativa de existência."[19]

Assim, o trabalhador nacional livre ou liberto, integra-se à produção apenas quando o mercado ilegal interno de escravos se

---

17 Veja-se GARCIA, Liliana Bueno dos Reis. "O projeto dos movimentos sociais dos camponeses: um balanço histórico". Departamento de Planejamento Regional. IGCE-UNESP. Campus de Rio Claro. *In: Revista Geografia*, 10(19), p. 147-162, abril 1985.

18 MARTINS, José de Souza de. *Op. cit.* p. 32.

19 KOWARICK, Lucio. *Trabalho e Vadiagem. A origem do trabalho livre no Brasil.* Rio de Janeiro: Paz e Terra, 1994, p. 42.

esgota e que leis são promulgadas com o fim certo da escravidão. Marginalizados do processo produtivo, transformam-se em itinerantes, vagando pelas cidades e campos vistos como vagabundos a quem o ócio e o vício corromperam os hábitos.

O trabalho disciplinado era percebido e pensado pela camada de trabalhadores livres como escravidão. A cultura construída em torno da atividade dos homens sobre a Natureza concretizava-se na relação modelar do trabalho livre em todas as suas dimensões. Ser livre e pobre é possuir também as características daquele que, como o escravo, deve obediência e lealdade aos senhores. Deve reconhecer neles a imagem virtual e invertida de sua condição.

Manter-se livre, portanto, transforma-se na possibilidade de produzir a própria subsistência e na não submissão a uma organização produtiva alicerçada no cativeiro.

> Dessa forma, [o trabalhador nacional] repudiava a submissão da disciplina produtiva, trabalhando nas fazendas enquanto outra alternativa não se mostrasse viável, pois nelas sua condição de pessoa livre era constante e impunemente aviltada pelas regras de submissão, baseadas no cativeiro. Liberdade significava não só a escolha de locomover-se por um pauperismo itinerante, como também, sobretudo, a possibilidade de desobedecer a obediência constante.[20]

Essa resistência ao trabalho que degrada a existência – que escraviza – produziu, de parte dos senhores, a percepção de que o homem livre e pobre era imprestável para o trabalho, sendo o ócio e a vadiagem seu principal ofício. Essa imagem do trabalhador na-

---

20 KOWARICK, Lúcio. *Op. cit* p. 103.

cional proporcionou inicialmente as justificativas para reproduzir a escravidão e a depreciação do trabalhador livre, apresentado como inapto para a produção.

Desenhado nesse contexto, o trabalhador nacional permanece marginal à produção, suprindo suas necessidades primárias de sobrevivência num conjunto restrito de atividades ligadas direta e temporalmente à satisfação delas. A possibilidade de não trabalho definia o trabalhador nacional como uma massa ignorante, viciada e indolente.

Durante a escravidão, esse contingente marginal da população foi utilizado nas atividades que significavam riscos para os proprietários de escravos – dadas as chances de fuga ou acidentes. O desmatamento de novas áreas para ampliação das plantações, o desbravamento e abertura de estradas, o transporte de mercadorias e animais, além de outras atividades foram executadas pelo trabalhador nacional.

Após a escravidão, foram capturados como mão-de-obra barata para regiões onde o imigrante não se deslocou ou para as atividades por eles renegadas, enfrentando, junto com os libertos, a luta pela sobrevivência. O estigma impresso no trabalhador nacional é estendido ao ex-escravo, pois, não tendo *preparo para o convívio em sociedade,* deveria ter os vícios reprimidos. A liberdade do cativeiro traria aos libertos a possibilidade de tornarem-se "ociosos e ladrões", era necessário transformar o liberto em trabalhador.

Para a "manutenção da ordem" era imperativo a construção de uma ética do trabalho capaz de recriar o trabalhador "dócil" e submisso às necessidades da produção, baseada num novo modelo de relação, que ia-se estabelecendo com o final da escravidão e com os avanços da revolução industrial.

O projeto de substituição da mão-de-obra cativa pelo trabalhador livre imigrante tinha por suposto a importação, também, das condições de espoliação necessárias à submissão ao trabalho. Quanto aos ex-escravos e nacionais, estas condições se fariam realizar na luta pela sobrevivência moldada por artifícios disciplinadores manipulados pela polícia, pela igreja e outras instituições.

A repressão à ociosidade toma corpo jurídico e, como tal, prevê a realização de verdadeira ortopedia social através do trabalho.

> ... a lei produzirá os desejados efeitos compelindo-se a população ociosa ao trabalho honesto, minorando-se o efeito desastroso que fatalmente se prevê como consequência da libertação de uma massa enorme de escravos, atirada no meio da sociedade civilizada, escravos sem estímulo para o bem, sem educação, sem os sentimentos nobres que só pode adquirir uma população livre e finalmente será regulada a educação dos menores, que se tornarão instrumentos do trabalho inteligente, cidadãos morigerados, ... servindo de exemplo e edificação aos outros da mesma classe social.[21]

Amor ao trabalho e respeito à propriedade são valores que deverão se realizar através da educação do liberto para integrá-lo à civilização. Junto dele estarão os trabalhadores nacionais, portadores do vício do ócio, que ameaça a ordem, pois ... "a ociosidade é um estado de depravação de costumes que acaba levando o indivíduo a cometer verdadeiros crimes contra a propriedade e a segurança individual". Chalhoub verifica que o projeto de repressão à ociosidade debatido pelos parlamentares, circunscrevia

21 Anais da Câmara dos Deputados, 1988, vol. 7, p. 259-260. Apud CHALHOUB, Sidney. *Op. cit.* p. 48.

a condenação ao ócio quando a pobreza ou indigência a ele se associava. Desta forma, haveria a *má ociosidade*, aquela característica das classes pobres e que deve ser prontamente reprimida e há a *boa ociosidade*, aquela própria dos nobres deputados e seus iguais, ficando claro que são os miseráveis ou as "classes perigosas" que se deve reprimir.

São previstas colônias de trabalho para o envio dos vadios e as penas são severas e justificadas pelo caráter educativo da regeneração moral do condenado. Para os imigrantes, a pena, em caso de reincidência do delito de vadiagem, é a expulsão do país, pois existia entre as classes dominantes a ideia de que estes viam no trabalho uma virtude, ou seja, que o imigrante já havia sido disciplinado para a produção organizada em bases capitalistas e que deveriam ser um espelho, um exemplo para os nacionais.

A abolição da escravatura implicou na transformação do próprio trabalhador, marcando a passagem da coerção predominantemente física para uma coerção paulatinamente ideológica. Tornava-se necessária a instituição de novos mecanismos para a exploração do trabalho, considerados juridicamente legítimos.

As condições de trabalho e de vida dos imigrantes nas fazendas eram demasiado precárias e as relações de trabalho guardavam ainda muito do modelo escravista, desta vez com estratégias mais apropriadas de dominação sobre o trabalhador livre.

A partir de 1886, mediada pela Sociedade Promotora de Imigração,[22] grande massa de imigrantes chegava ao porto de

22 Entidade privada, com o fim de importar mão-de-obra para as fazendas de café, através de contratos firmados com o governo de São Paulo. De 1886 até 1895, a sociedade subsidia a vinda de 220 mil colonos. KOWARICK, Lúcio. *Op. cit.* p. 85.

Santos e de lá eram enviados à Hospedaria do Imigrante, de onde partiam para as fazendas e lavouras no interior de São Paulo, sob o regime de colonato, permanecendo submetidos a uma trama de obrigações que os colocava à mercê dos proprietários.

Italianos, portugueses e espanhóis somam a maior parcela dos "trabalhadores importados". Após a proibição da imigração subsidiada pelo governo italiano, em 1902, segue-se a proibição pelo governo espanhol, tendo início a importação de trabalhadores japoneses, que garantiu a mão-de-obra barata às fazendas.

A imigração subsidiada continha elementos fortemente demagógicos, em especial as oportunidades de trabalho e futura propriedade de terras aos colonos. Surgia o regime de colonato que previa, em geral, contratos que envolviam a vinda preferencial de famílias que, após o assentamento, ficavam responsáveis pelos cuidados com uma quantidade determinada de cafeeiros. Eram concedidas, ainda, a utilização de terras para a cultura de subsistência que, em algumas ocasiões, poderiam ou não estar sujeitas a regras próprias do fazendeiro, e uma quantia de dinheiro pelo número de cafeeiros cuidados além de uma importância variável relativa à produtividade do cafezal.

Os colonos encontravam-se presos a contratos baseados no trabalho familiar, repleto de exigências que possibilitavam a manipulação dos colonos com o fim de reduzir seus ganhos e impossibilitar-lhes a formação de uma massa de trabalhadores independentes; a instituição de multas, o atraso nos pagamentos, a burla dos contratos e outros artifícios tinham o fim de manter a dependência do colono para com o fazendeiro. Sua liberdade de trânsito era regulada, vinculada à autorização do fazendeiro; o controle dos gastos era feito com a obrigatoriedade de compras no armazém das fazendas, a violência física e o assédio sexual contra as mulheres compunham parte das condições de vida destes imigrantes, sendo proibidas as sociedades ou associações de trabalhadores. A própria organização do trabalho nas fazendas colocava-se como fator de impedimento à visibilidade de uma possível organização operária camponesa.

O regime de colonato nas fazendas de café colocava-se como um modelo que combina forças; o colono não é um trabalhador individual, as tarefas assumidas pelo colono se organizam em base familiar. A atividade produtiva da fazenda não era resultado do esforço comum da coletividade dos trabalhadores, às vezes milhares dentro de uma mesma fazenda. Disso resultava a ampliação da exploração de maneira velada.

> Quanto mais o colono trabalhava para si mesmo – duplicando a jornada de trabalho, subtraindo os filhos à escola, antecipando a exploração do trabalho infantil, intensificando o trabalho da mulher pela sua absorção no cafezal – mais ele trabalhava para o fazendeiro.[23]

Essa super exploração aparecia, pontualmente, nos momentos de entrega do produto do trabalho ao fazendeiro ou no momento em que se convertia o trabalho em mercadoria. Associava ainda as condições de vida do imigrante ao seu próprio esforço pela subsistência.

Os movimentos organizados de trabalhadores rurais, que caracterizam greves, segundo Martins, ocorreram, na maior parte das vezes, em decorrência dos preços pagos aos colonos pela

23 MARTINS, José de Souza. (1981), *Op. cit.* p. 86

quantidade de café produzido. No entanto, há registros de greves rurais ocorridas desde 1890.[24]

Grande parte dos imigrantes destinados ao trabalho nas fazendas as abandonavam em pouco tempo, fugindo para livrarem-se da violência e da miséria. Alguns voltaram para seus países de origem ou reemigraram para outros países; outros, que conseguiam poupar algum dinheiro, tornaram-se pequenos proprietários e parte considerável deles buscava, então, trabalho nas cidades.

No início do século XX, estima-se que 80% dos operários em São Paulo eram italianos. Torna-se muito provável que uma quantidade significativa dos imigrantes integrados na produção urbana no início do século tenham sido aqueles anteriormente integrados na lavoura. O sonho de encontrar o *Eldorado,* de fazer dinheiro fácil, vai-se esfacelando diante da crueza da vida nas fazendas e das arbitrariedades e confiscos dos fazendeiros.

Somente quando a vinda de estrangeiros se reduz é que os braços nacionais ganham importância. Integrados até aquele momento em atividades mal definidas e temporárias, o trabalhador nacional foi relegado, tanto no campo quanto nas zonas urbanas, aos serviços mais aviltados e mal remunerados. O "sertanejo", no discurso dominante, passa a ser aquele que poderia e deveria ser

---

24 PINHEIRO, Paulo Sérgio & HALL, Michael M. A Classe *Operária no Brasil. Documentos (1889 a 1930).* v.I. São Paulo, Alfa-Omega, 1979. e DEL ROIO, José Luiz (org.) Imigração e movimento operário no Brasil: uma interpretação. *In: Trabalhadores no Brasil: imigração e industrialização.* São Paulo: Ícone/Edusp, 1990, p. 43-57. As mobilizações e manifestações de resistência à exploração decorriam, quase sempre, contra salários não pagos, multas e espancamentos. Em Ribeirão Preto, no ano de 1913, ocorre a paralisação de 10 a 15 mil trabalhadores rurais por salários mais altos.

regenerado, pois encontrava-se no abandono apesar de já ter demonstrado potencial de bravura e coragem.

> Sua desambição passa a ser encarada com parcimônia de alguém que se contenta com pouco, não busca lucro fácil e, sobretudo, não reivindica; a inconstância traduz-se enquanto versatilidade e aptidão para aprender novas tarefas, e o espírito de indisciplina metamorfoseia-se em brio e dignidade. O antigo andarilho serve para ir aonde dele se necessitar, o gosto por aventuras e brigas transforma-se em destemor, coragem para realizar serviços arriscados e a desconfiança é atributo para rejeitar ideias espúrias, tão em voga nessa época, em que se produz a conversão do elemento nacional, cuja indolência não advém da preguiça ou da vadiagem, mas da falta de oportunidade para trabalhar, enquanto seus vícios passam a ser encarados como provenientes da miséria, na qual, por séculos, esteve atolado e da qual é preciso retirá-lo.[25]

No campo, essa campanha de regeneração dos braços nacionais traduz-se na busca de mão-de-obra do Nordeste para a manutenção da lavoura. Nas áreas urbanas, essa massa servirá para a manutenção da exploração do trabalho nas fábricas, servindo de contraponto nos momentos em que o "vírus anarquista", de origem estrangeira e estranho à "índole pacífica" do nacional, se colocar. Sua presença, portanto, capacitava a manutenção dos salários e condições de trabalho aviltados, servindo ainda para desarticular a resistência operária organizada.

---

25 KOWARICK, Lúcio. *Op. cit.* p. 112

A cidade de São Paulo vai-se definindo como centro urbano, distribuidor de produtos e de mão-de-obra. O fim da escravidão e a entrada dos imigrantes demarca a arquitetura da cidade, ampliando o mercado de trabalho e de consumo. Os espaços de descanso dos tropeiros, com suas velhas carroças, as casas de taipa, as ruas – "que parecem feitas depois do mundo tanto são desertas",[26] territórios reservados à passagem de escravos e humildes homens livres – transformam-se rapidamente. É importante considerar que em São Paulo, o "progresso" é também um processo amplo de expropriação, que realiza em espaços diversos a legalização da violência, não só contra os operários e colonos das fazendas de café, mas também contra índios e caboclos na fronteira agrícola paulista, na "boca do sertão".[27]

A massa dos imigrantes vai-se concentrando próximo às fabricas que foram-se instalando ao longo das vias férreas. Imigrantes e trabalhadores nacionais fixam-se em cortiços e disputam as fábricas que os sujeitam à legislação do patrão, com salários em nível de subsistência. Os bairros proletários crescem; em sua maioria, estão localizados nas baixadas e várzeas.

> ... Assim se configurava, pela primeira vez também na história de São Paulo, um território popular na cidade, constituído por proletários e autônomos, aventureiros e

---

26 Antonio de Castro Alves. *Obras Completas* (2 volumes, São Paulo, 1938), II., p. 556-559. Apud MORSE, Richard M. *Formação Histórica de São Paulo.* São Paulo: DIFEL, 1970.

27 Sobre a questão veja-se DÓRIA, Carlos Alberto. *Ensaios enveredados.* São Paulo: Siciliano, 1991; veja-se também MARTINS, José de Souza. A Chegada do Estranho. São Paulo: Hucitec, 1993

> recém-chegados, no espaço intrincado dos becos e casas coletivas, com chaminés de fábrica e o apito do trem.[28]

No Rio de Janeiro concentra-se grande parte dos imigrantes portugueses e brasileiros mulatos e negros. A cidade reuniu migrantes internos de todo o país; durante a desagregação do sistema escravista, principalmente, houve grande fluxo de negros do campo para a cidade, além de a própria corte ter parcela considerável de escravos nos anos anteriores à abolição.

Constituída como centro administrativo, comercial, financeiro, cultural e político, atraiu a população originária de outras províncias. Esse contingente populacional foi-se abrigando em cortiços,[29] que se transformaram, à época, nas únicas formas viáveis de moradia, devido aos elevados preços de aluguéis e terrenos na cidade. A partir de 1902, implanta-se, no Rio, uma política de saneamento e embelezamento da cidade.

Destroem-se os cortiços e a paisagem urbana passa a abrigar belas ruas e praças, ao lado da construção de casas nas favelas dos morros próximos ao centro. Nascem os subúrbios e a segregação habitacional impõe-se pelas reformas urbanas do período. O grande contingente de ex-escravos na cidade leva a uma repressão

---

28 CUT ESTADUAL/SP. *Italianos e Movimento Operário no Brasil*, p. 17.

29 No Rio de Janeiro, em 1868, 12% da população vivia em cortiços. Em 1888, aumentaram para 1.331 o número deles e para 18.966 o número de quartos nestes cortiços, habitados por 46.680 pessoas. Estes dados podem ser encontrados em RAGO, Margareth. *Do cabaré ao lar: utopia da cidade disciplinar: Brasil 1890-1930.* Rio de Janeiro: Paz e Terra, 1985. Ver, também, CARPINTÉRO, Marisa Varanda Teixeira. Imagens do conforto: a casa operária nas primeiras décadas do século XX em São Paulo. *In:* BRESCIANI, Stella. (org). *Imagens da Cidade. Séculos XIX e XX*. ANPUH/São Paulo, Marco Zero/FAPESP, 1994, p. 123-146.

contínua à população negra e pobre. Os conflitos na disputa por trabalho e moradia mesclavam-se também com a "construção de redes de solidariedade e ajuda mútua entre familiares, amigos, vizinhos, que visam viabilizar a reprodução da existência de todos"[30]

A constituição da paisagem urbana altera as sociabilidades e permite o nascimento de um novo modelo de circulação dos bens culturais na sociedade. Valores, ideais e modos de vida fundem-se nesse novo espaço, ampliando o universo de uma leitura realizada em várias línguas, resultado da presença dos imigrantes e do cruzamento de várias culturas.

A organização operária e o sonho anarquista

As primeiras organizações operárias no Brasil foram associações de trabalhadores livres, de caráter corporativo e ligadas à Igreja. Foram experiências que deram início ao período mutualista da organização operária e que predominou até 1888. Reunia trabalhadores qualificados de distintas profissões em confrarias ou irmandades, promovendo a aprendizagem profissional, assistência médica e de socorro mútuo entre seus membros.

As sociedades de socorro mútuo possuíam programas assistenciais, não tendo dado origem ao sindicalismo. As ligas foram as primeiras organizações de defesa dos interesses imediatos e comuns a todas as classes, lutando pela diminuição das jornadas de trabalho e melhores salários.[31]

---

30 CHALHOUB, Sidney. *Trabalho, lar e botequim. O cotidiano dos trabalhadores no Rio de Janeiro da Belle Époque.* São Paulo: Brasiliense, 1986, p. 88-104

31 conf. SIMÃO, Azis. *Sindicato e Estado: Suas relações na formação do proletariado de São Paulo.* São Paulo: Dominus. 1966, p. 159-163

As confrarias tiveram importante papel nos movimentos reivindicativos de melhoria das condições de trabalho, salários e vida. Seus membros tornavam-se conhecedores das lutas operárias européias e muitas destas associações superavam o assistencialismo, assumindo características reivindicatórias e de resistência.

Tanto em São Paulo, quanto no Rio de Janeiro a indústria e o setor de serviços utilizavam a massa de trabalhadores formada pelos imigrantes transferidos para os centros urbanos, somada ao contingente de trabalhadores nacionais livres e ex-escravos. A mão-de-obra era abundante, capaz de manter uma relação de super-exploração da força de trabalho.

A integração do ex-escravo ao processo produtivo em São Paulo fez-se no setor terciário, constituindo o que Boris Fausto denominou "mão-de-obra-sobrante", ou seja, aquela que se encontra estruturalmente confinada a ocupações de mínima produtividade. No Rio de Janeiro, essa mão-de-obra assume as funções de um exército industrial de reserva, com possibilidades, portanto, de ser incorporada ao processo produtivo.[32]

Essa abundante oferta de força de trabalho, nos inícios da industrialização, contribui decisivamente para manter salários reduzidíssimos e restringir o alcance das lutas operárias por melhores condições de existência. A composição étnica do operariado fabril, desde 1890 até 1920, demonstra que os imigrantes e seus filhos brasileiros constituíam a maior parcela do operariado urbano em São Paulo e Santos e grande parte do proletariado no Rio de Janeiro.[33]

32 FAUSTO, Boris. *Trabalho Urbano e Conflito Social (1820-1920)*. Rio de Janeiro: DIFEL, 1977, p. 26.

33 As estatísticas sobre a composição étnica do operariado fabril do período são analisadas por Maram, sendo ainda abordadas as questões de critérios para a

Com a massa de imigrantes vindas para o Brasil, vieram também militantes de várias correntes políticas e sindicais existentes nos países de origem. Estas lideranças vão influenciar a organização operária brasileira, ao longo da história, atuando na conscientização dos trabalhadores, transformando em ações concretas o potencial de rebeldia embutido na miséria cotidiana do povo brasileiro.

A chegada dos imigrantes europeus, no final do século XIX, trouxe as ideias anarquistas e socialistas. Os primeiros grupos e associações anarco-sindicalistas ganharam corpo nas ligas ou uniões de resistência, nas sociedades operárias, ligas operárias, uniões operárias, os centros operários ou cosmopolitas. Elas superavam o mutualismo das primeiras, mantendo a luta pela conquista de direitos trabalhistas como forma de resistência.

No início do século XX surgiram as primeiras organizações sindicais que marcariam o modelo privilegiado de luta operária até os anos 20. A Confederação Operária Brasileira (COB) é criada durante o 1º Congresso Operário Brasileiro, ocorrido no Rio de Janeiro em 1906, que reuniu organizações de caráter sindical de todo país. O memorial aqui transcrito é enviado à Europa em 1913, com o fim de inibir a continuidade da imigração para o Brasil, como represália à ação policial de perseguição e expulsão de estrangeiros e é dirigido a associações do exterior, alertando sobre a situação do operariado no Brasil:

---

obtenção dos dados. Para a finalidade do presente trabalho, nos limitamos a uma cifra genérica, que, originalmente, constitui-se em estudo comparativo de dados. MARAN, Sheldon Leslie. Anarquistas, imigrantes e o movimento operário brasileiro, 1890-1920. Rio de Janeiro: Paz e Terra, 1979, p. 13-22.

Camaradas,

Como sabeis, a situação das classes trabalhadoras de todos os países está mais ou menos identificada pelas correntes emigratórias que se estabelecem independentemente da ação oficial, causando esse desequilíbrio econômico universal, que para os trabalhadores somente se manifesta pelo consumo e pelo salariato.

As diferenças são ínfimas e incidentais. Mal avisados andam, pois, os que emigram, iludidos pela propaganda soez dos enviados pelos governos para surpreenderem a boa fé dos produtores que no país natal não encontram meios de subsistência.

No Brasil a vida econômica do proletariado não tem nada a invejar a dos países mais assolados pela fome. Da maior parte dos estados, especialmente do norte, o povo emigra em massa, fugindo da morte certa pela miséria, e os que não podem emigrar sucumbem aos milhares. Tal fenômeno tem carta de permanência no Ceará, Sergipe e muitos outros estados.

A única região que se pode gabar como a melhor, e para onde é maior a corrente emigratória, além de outros há o estado de São Paulo.

Pois bem, nos campos deste estado trabalha-se de estrela a estrela, e a remuneração é tão mesquinha que as famílias só podem alimentar-se com feijão bichado e farinha de pau (mandioca); e assim mesmo tem que passar a meia ração.

Os fazendeiros, antigos escravocratas, acostumados a não pagar o trabalho, seguem facilmente este costume, mandando prender, espancar ou assassinar o infeliz que reclama o seu salário, para o que não faltam facínoras da polícia capazes de tirar a vida por um simples copo de aguardente ou uma irrisória promessa.

Mas a reclamação do salário poucas vezes se faz porque os fazendeiros, que ao mesmo tempo são os fornecedores dos gêneros de primeira necessidade, vendem esses gêneros a preços exorbitantes; e além de roubarem no peso e na medida, adicionam quantias a granel nas cadernetas que expedem, de forma que o pobre trabalhador, quanto mais trabalha, mais deve.

Cada fazenda é uma espécie de harém onde as filhas dos colonos são corridas a ponta-pés depois de terem perdido a honra, satisfazendo, a viva força, os instintos bestiais dos fazendeiros ou administradores.

Nos centros comerciais e industriais os salários são tão mesquinhos que os operários europeus são unânimes em afirmar que, proporcionalmente ao custo de vida, são maiores no velho continente do que neste riquíssimo país.

Os patrões das cidades usam dos mesmos procedimentos dos seus confrades dos campos, pois pertencem a mesma classe, a mesma família de senhores dos tempos da escravidão.

Em todas as cidades e povoações milhares de operários percorrem inutilmente as ruas durante meses e meses, em procura de trabalho, e quando o encontra é para poucas semanas.

Aqui, como em todas as partes, surgem lutas entre o Capital e o Trabalho, mas devido a falta de consciência e de cultura na imensa maioria dos trabalhadores, torna-se impossível uma ação enérgica que faça respeitar os direitos do povo, direitos que estão escritos na Constituição Nacional, da qual os governantes se riem, e com o mesmo riso ordenam e presenciam os massacres e encarceramentos dos que fazem qualquer reclamação que venha ferir os interesses dos capitalistas.

É prevalecendo-se dessa passividade e inconsciência quase coletiva, que as autoridades tem atuado de uma forma selvagem contra os trabalhadores.

Por ocasião da greve realizada pelos ferroviários da Paulista, estado de São Paulo, as forças policiais fizeram proezas inauditas, matando vários operários e ferindo muitos, em Jundiaí e na própria capital.

Pouco tempo depois operários de uma fábrica do bairro de Água Branca, na capital do estado, tiveram de fugir e internar-se nas matas para escapar a fúria dos mantenedores da ordem, que tratavam de caçá-los como a feras.

A escola que estes operários tinham em sua sede social, foi assaltada e o professor preso e deportado.

Há poucos meses declararam-se em greve os operários sapateiros, e só por isso foi preso o camarada Francisco Calvo, negando-se-lhe alimento e água. Ante a intensidade da sede bebeu a própria urina para aplacá-la. Durante os dias que esteve preso foi conduzido a diversas repartições policiais, em cada uma das quais foi barbaramente espancado pelos esbirros dirigidos pelos altos funcionários da polícia. Este companheiro tentou inutilmente suicidar-se para evitar as torturas; e unicamente sob a ameaça de uma greve geral puseram-no em liberdade não sem antes conduzi-lo fora da cidade e espancá-lo a tal ponto que ficou sem sentidos.

A sede da Federação foi várias vezes assaltada e presos em massa seus componentes. Em Vila Nova de Lima, estado de Minas Gerais, por ocasião de uma greve pacífica os operários foram tão violentamente atropelados, que só pelas armas, e sustentando uma verdadeira refrega, puderam livrar-se de serem fuzilados pela milícia.

Ultimamente as cidades de Juiz de Fora e Belo Horizonte foram teatro de acontecimentos horrorosos. Os operários percorriam as ruas em ordeira manifestação quando subitamente se viram atacados por sucessivas descargas de fuzilaria, sendo avultado o número dos mortos e feridos que tombaram.

O porto de Santos, o mais importante do estado de São Paulo, tem sido o ponto onde mais a canalha policial e governamental exerce as suas funções de elemento perturbador e assassino, como sicário do capitalismo.

Já em 1905, apenas despontavam o movimento operário e surgiam as primeiras greves, numerosos piquetes de cavalarias e infantaria percorriam as ruas atropelando e golpeando a quantos operários encontravam.

Em 1908 os empregados dos bondes, palestrando em grupo próximo a estação, foram massacrados, contando-se dois ou três mortos e muitos feridos. Os locais operários foram diversas vezes assaltados, quebrados e incendiados os seus utensílios e as suas bibliotecas.

Assembléias em peso foram conduzidas entre batalhões, para o cárcere, onde o sabre e a culatra da carabina destroçavam os peitos dos altivos trabalhadores. Há pouco rebentou uma greve dos operários das Docas; momentos depois chegavam vazo de guerra e numerosos soldados, fazendo uma repressão total.

Muitos companheiros foram presos, e cinco deportados depois de sofrerem as agruras da prisão. Quando a burguesia julgava debelado por completo o movimento operário, outra greve teve lugar: os carroceiros declarando-se solidários com um companheiro despedido, abandonaram o trabalho. Poucas horas depois seiscentos soldados e um scout da armada brandiam as suas armas sobre quatrocentos carroceiros, tentando submetê-los pelo terror.

As residências dos mais ativos companheiros foram violadas, a altas horas da madrugada as suas companheiras e filhos maltratados estupidamente pela chusma de bandidos que se chamam autoridades; nem ao menos os recém-nascidos escaparam a selvageria policial.

Como sequência desta greve, absolutamente pacífica, foram expulsos do território nacional mais de treze companheiros.

Para cúmulo de iniquidades, a celerada lei de expulsão foi modificada e com ela as câmaras legislativas conferiram à polícia poderes ilimitados sobre a vida dos trabalhadores.

As emendas foram feitas de afogadilho, não se conhecendo a maior parte das suas disposições; é um documento de secreto 'complot', que só dará a conhecer as suas bases pelos procedimentos que adotar a polícia quando as vítimas do capitalismo levantarem a sua voz contra a exploração.

Sendo a nossa causa, a causa do proletariado internacional entendemos que a solidariedade dos trabalhadores de todos os países, todos que como nós sofrem as calamidades do regime autoritário e capitalista, não se fará esperar para auxiliar-nos na luta que temos empenhada contra a tenebrosa lei dos fazendeiros e jesuítas.

Esperando, pois, as vossas manifestações de solidariedade, desde já nos consideramos vencedores, porque sabemos que com alguma atividade e energia os trabalhadores do Mundo terão conseguido mais uma vitória sobre o inimigo comum.

> Saúde e Revolução Social – pela Confederação Operária Brasileira, o secretário geral Rozendo dos Santos.[34]

O memorial da Confederação Operária Brasileira é abrangente o suficiente para compreendermos o panorama geral da situação dos trabalhadores e dos esforços e enfrentamentos vividos na organização proletária tanto no campo quanto nas áreas urbanizadas nos inícios do século XX.

Neste *breviário*, encontramos um ponto de cruzamento entre o acúmulo da organização operária até aquele momento e elementos definidores que caracterizarão sua continuidade. A atuação dos sindicatos carecia de formulação teórica e prática, capaz de aglutinar os trabalhadores em torno de reivindicações mínimas comuns e sensíveis a todos. A falta de clareza quanto ao papel do sindicato, por parte dos operários, fez, por muitas vezes, que a força da união necessária às conquistas não se realizasse.

Nos episódios das greves, pode-se verificar com clareza as dificuldades de manutenção dos movimentos. Num quadro de acumulação capitalista caracterizado pela extensão das jornadas de trabalho e em meio à farta existência de mão-de-obra, aliado à introdução da maquinaria na produção, têm-se uma desvirtuação contínua do trabalho. A figura dos *krumiros* (fura-greves), em geral operários nacionais, demonstra a disputa pelos postos de trabalho, quaisquer que fossem suas condições. Maran (1979), ao tratar dos conflitos étnicos existentes entre o operariado, afirma que em São Paulo, os portugueses e brasileiros são marginalizados, ocupando profissões subalternas e não qualificadas. Frequentemente tinham

34 Rozendo dos Santos. Memorial da Confederação Operária Brasileira. Em torno duma monstruosidade. *Voz do Trabalhador*. Ano VI, Nº 25 (fevereiro/1913).

que competir com os italianos já engajados no trabalho fabril. O autor destaca o fato de que muitas vezes "furar a greve" significava uma questão de sobrevivência para estes trabalhadores. Além dos conflitos étnicos, os preconceitos raciais, principalmente, contra negros e mulatos, constituíam-se também em fator que colocava empecilhos à construção de uma identidade de classe.[35]

Além da ausência de clareza quanto à necessidade de organização pela grande maioria dos operários, a ação repressiva do Estado fez-se presente na obra de disciplinarização do trabalho, atuando como extensão e em complementaridade à organização fabril, que se desenhava já detentora dos poderes de vigilância sobre o trabalhador e sua produtividade.[36]

O trabalho deixa de ser arte, inventividade, criação; passa a ser cada vez mais um processo que massifica o produto. Cada vez mais, separa-se do trabalhador. O aprendizado da arte do trabalho passa a ser uma condição que aloca o operário numa escala determinada de categorias de exploração.

> A operária Amélia Tenorio da fábrica do Rio Largo apanhou de chibata a mandado do gerente... O Operário João Pereira trabalha numa máquina de cortar meias há 9 anos; sua diária é baixa porque dizem-lhe que ele é ainda aprendiz. Miséria! 9 anos numa máquina e ainda é considerado aprendiz... Eis

35 MARAN, Sheldon Leslie. *Op. cit.*, p. 30-33.

36 Sobre a disciplinarização do trabalho, entre outros veja-se: RAGO, Margareth. *Op. cit.* e PERROT, Michelle. *Os excluídos da História*. Rio de Janeiro: Paz e Terra, 1988

> aí. A terra da promessa, onde se passa à tripa forra, onde não há miséria e não há questão social.[37]

É a "hereditariedade escravocrata" gerindo a produção, sob a afirmação de que para aprender tem-se que sofrer; explora-se o trabalho das crianças cuja infância é sacrificada em troca de "aprender" um trabalho. A infância do operário se estende ao infinito, o tempo de aprender se prolonga e cristaliza em categoria que serve para justificar menores salários. O trabalho dos homens vai sendo substituído pelo das mulheres; crianças de 6 a 14 anos trabalham nas fábricas, às dezenas, sem descanso. Os acidentes de trabalho se multiplicam, fazendo suas vítimas crianças, mulheres e homens que respondem à sua própria sorte. Predatoriamente, consome-se a força de trabalho.

> As operárias são estupidamente tratadas a empurrões e descomposturas, no mais requintado diapasão pornográfico...os menores eram levados ao escritório e levavam palmatoadas!... E não se diga que essas amabilidades são suficientes para levantar uma voz de protesto, tal é o estado de criminosa submissão dos nossos companheiros...[38]

Em meio à falta de acúmulo de experiências organizativas, e tentando fazer superar as diferenças culturais que por vezes constituíam-se em entraves na organização, o operariado enfrentava uma situação de miséria, com a carestia de vida, empregos mal re-

---

37 Pelo Mundo Proletário. Maceió. *A Voz do Trabalhador*. Ano VI, Nº 43 (novembro/1913).

38 De Pernambuco. Pelas Fábricas da Torre. *A Voz do Trabalhador*. Ano VI, Nº 29 (abril/1913).

munerados e incertos. Digladiando-se entre si, sufocam a revolta em nome da sobrevivência, submetendo-se a qualquer trabalho.

A família toda é subtraída às oficinas e fábricas sete dias por semana, por jornadas bastante variáveis, fixadas arbitrariamente pelos patrões e que chegam até dez ou quinze horas de trabalho em estabelecimentos sem ar, sem luz, sem higiene, explorados barbaramente.[39]

> ... As horas de trabalho aumentam ou conservam-se no mesmo ponto. Os salários diminuem... E por que? Porque ainda não deixamos a taberna pelo livro, o carnaval pela associação de classe, o jogo pela educação, o patriotismo pela humanidade, a religião pela família, a idolatria pela liberdade, a guerra, pela paz, o ódio pelo amor... Se temos fome a nós cabe toda a culpa[40]
>
> ... A ação operária é, na verdade, de resistência, de defesa; o proletariado vê-se constrangido a agir e sem demora. Sobem os preços, e tem de reclamar melhor paga; inventam-se e aperfeiçoam-se máquinas, e urge que exija menos horas de labuta. Sem essa luta a força, seria reduzido à última expressão da miséria e do aviltamento (...) Mas entretanto a revolução social não se faz; é preciso prepará-la...[41]

A organização dos trabalhadores do campo era nesse momento caracterizada por movimentos de resistência, sendo a terra

39 Sobre as condições de trabalho e a organização operária veja-se PINHEIRO, Paulo Sérgio. O Proletariado Industrial na Primeira República. *In: História Geral da Civilização Brasileira*, Tomo III, 2º v., cap. IV. São Paulo: DIFEL, 1977, p. 137-177

40 S.B. A Fome. *A Voz do Trabalhador*. Ano VI, Nº 26 (março/1913).

41 Neno Vasco. O Valor da Ação Operária *A Voz do Trabalhador*. Ano VI, Nº 23 e 24 (janeiro/fevereiro, 1913).

a causa das lutas camponesas. A organização sindical dos trabalhadores rurais é posterior àquela ocorrida nas áreas urbanas. O Segundo Congresso Operário Brasileiro (1913), entre suas teses, ocupa-se da necessidade de organização dos trabalhadores do campo, aconselhando os meios a empregar nessa organização: a todas as organizações operárias do país indica que "se dediquem a um ativa e constante campanha contra as prepotências e infâmias praticadas contra os colonos e os trabalhadores do campo em geral, fazendo chegar até eles, por meio de comissões excursões e outros meios, a nossa propaganda, estimulando-os a se constituírem em sociedades de resistência".[42]

A resistência operária no Brasil do início do século XX efetiva-se com o predomínio das ideias anarquistas e socialistas, sempre presentes na organização do operariado. O período de que trata o jornal, objeto de nossa análise, foi marcado pela ação dos anarco-sindicalistas: anarquistas que "preceituam que o primeiro interesse do trabalhador é o pão, e não a teoria revolucionária" (MARAN, 1979, p. 6-8). Enfatizando a luta econômica em oposição à luta política partidária, buscavam a melhoria das condições de vida operária, através da emancipação social.

Pinheiro (1977, p. 150) assim define a ação desta corrente do anarquismo:

> Acreditava que as associações e os sindicatos poderiam ter dois objetivos. Primeiramente, servir como entidades fundamentais para a luta pela melhoria das condições de vida do operariado e pela emancipação social. Ao mesmo tempo, julga que esses sindicatos podem

42 Resoluções do Segundo Congresso. Terceiro Tema. *A Voz do Trabalhador*. Ano VI, Nº 39-40 (out./1913).

> ser considerados as bases de uma nova organização econômica da sociedade, (...) Os anarco-sindicalistas, pretendiam abolir o Estado e organizar as atividades da sociedade através dos sindicatos. Opondo-se às associações mutualistas e às cooperativas, os anarco-sindicalistas se lançaram à criação de sociedades de resistência que precederam os sindicatos.

O sindicato constitui-se na forma privilegiada e eficaz de propagação dos ideais revolucionários. É preciso transformar a sociedade para mudar o mal que está em sua organização, e esta transformação será obra dos trabalhadores, guiada pelos valores da liberdade e da solidariedade. A finalidade destes organismos é gestar o embrião das sociedades de produtores livres, dando conta da expropriação da terra e da propriedade dos meios de produção. Os meios a utilizar para isso são basicamente os da ação direta. Nessa concepção, greves, boicotagem, sabotagem são armas revolucionárias e meios pelos quais o proletariado toma consciência de sua força na aprendizagem solidária da luta. São batalhas nas quais se prepara a revolução social. Assim, a ação é chamada de revolucionária, contestadora da ordem imposta.

Engendrada a partir das relações da ordem escravocrata e do imaginário de um contingente de trabalhadores livres e vadios, a classe operária surge de um encontro multirracial e cultural, marcada pela disputa da sobrevivência na nascente industrialização brasileira. Homens e máquinas forjam novas relações que invadem todos os espaços. Surge a multidão errante, homens, mulheres, crianças, trabalhadores. Imagens do dia são substituídas pelas jornadas cinzentas das oficinas e fábricas. De "estrela a estrela" o trabalhador vê-se construtor de um tempo que o nega e espolia.

Descobrem as estratégias da união, da greve, de *semeadores de ideias* e bebem suas palavras *como quem bebe fel.*

Examinando a sociedade tal qual estava organizada, reconhecia-se uma rede de lutas que justificavam guerras, invasões, rebeliões, repressões; alguns grupos de homens monopolizavam arbitrariamente a terra e todas as riquezas sociais, enquanto a grande massa do povo era privada de tudo. Oprimida, permanecia na miséria, com suas consequências inevitáveis apontadas como "a ignorância, crimes, prostituição, fraqueza física, abjeção moral e morte prematura".

O governo configurava uma casta especial que tinha a posse dos meios de repressão e assegurava os privilégios dos proprietários, contra os interesses dos proletários. O clero, por sua vez, reduzia os oprimidos à condição de suportar docilmente a opressão, dando sustentação aos privilégios.

> Os anarquistas querem mudar radicalmente este estado de coisas. E, pois que todos os males derivam da luta entre os homens, da procura do bem-estar de cada um para si e contra todos os outros, querem os anarquistas remediar semelhante sistema – substituindo o ódio pelo amor; a concorrência pela solidariedade; a presença exclusiva do bem-estar particular pela cooperação fraternal para o bem de todos; a opressão e o constrangimento pela liberdade; a mentira religiosa e pseudo-científica pela verdade.[43]

---

43 MALATESTA, Errico. Síntese do Anarquismo: Princípios Gerais do Anarquismo. *In:* LEUENROTH, Edgard. *Anarquismo - Roteiro da Libertação Social.* Rio de Janeiro: Mundo Livre, 1963, p. 15-17. Sobre o anarquismo veja-se WOODCOCK, George. *Anarquismo: Uma história das ideias e movimentos libertários.* v. I e II. Porto Alegre: L&PM, 1983.

A abolição da propriedade da terra e dos meios de produção, do Estado e das leis era o fim da luta anarquista. Em seu lugar, busca-se a organização da vida social pela iniciativa de associações livres e livres federações de produtores-consumidores, garantindo a todos os meios de vida, desenvolvimento e bem-estar. A isso corresponde uma igualdade que impõe a todos deveres para com o coletivo; é liberdade construída coletiva e socialmente, onde os frutos do progresso científico sejam igualmente distribuídos, tornando possível a todos os seres deles participarem.

Todos os preconceitos nesse ideário devem ser banidos, mesmo quando ocultados sob o manto da ciência. A instrução deve ser completa para todos; as rivalidades patrióticas devem ser igualmente abolidas, não havendo mais fronteiras, apenas a confraternização entre os povos. A família deve ser liberta de todas as peias, deve resultar da prática do amor, livre das influências dos preconceitos plantados pelo estado e pela religião, ou pela opressão econômica ou física.

No Brasil, o movimento libertário caracterizou-se pela organização de grupos, publicações de jornais, boletins, panfletos e livros; pela organização de conferências, comícios e agitações populares, ligadas sempre à defesa dos interesses proletários. Nos sindicatos imprimiram formas de luta que acenam para a possibilidade da revolução social, em sucessivos exercícios de solidariedade e consciência da luta, marcando o movimento sindical de resistência.

Circulação e usos do impresso

> ...A democratização é em ultima análise a informação. O homem nasce escravo; escravo do trovão, do mar, da sombra das árvores; escravo do inexplicável e do inatingível; escravo da própria ignorância. Liberta-se pela informação, gradualmente, ascencionalmente. Nas idades lendárias, confuso e apavorado, ele se prostrava diante do Sol; depois, esticando o braço, despregou-o do céu e idolatrou-o na terra, humanizado à sua imagem e semelhança; por fim, soltou-o nas alturas para que continuasse a expandir luz e calor. E não se lembra mais dele senão nas suas horas de saudade ou quando fica às escuras e com frio. Como as crianças, a humanidade quer ver seus brinquedos: desmancha-os, desencanta-se e joga-os para o lado.[1]

A construção de uma comunidade de leitores

A constituição da paisagem urbana, na passagem do período colonial para a república, altera paulatinamente as sociabilidades e permite o nascimento de um novo modelo de circulação dos bens culturais na sociedade. Valores, ideais e modos de vida fundem-se

1 RIZZINI, Carlos. *O livro, o jornal e a tipografia no Brasil, 1500-1822: com um breve estudo geral sobre a informação.* 1946

nesses novos espaços; realizam a ampliação do universo de uma leitura compartilhada por várias línguas e linguagens, emprestando sentidos ao mundo.

Espaços de conspiração e leitura forjam-se silenciosamente. Durante a escravidão, os malês – escravos negros muçulmanos das nações africanas Nagô e Haussá – organizavam os negros a partir da ação dos alufás, – mestres – conscientizando-os por meio da religião, com o objetivo de conduzi-los à revolta.

Sua condição religiosa exigia o domínio da leitura e da escrita; através da leitura e dos discursos nela contidos, se lutava em torno da apropriação de um segredo ao mesmo tempo em que se protegiam e conservavam devido aos rituais que os mantinham unidos. Leitura distribuída segundo espaços cerrados e segundo regras estritas. Casas, becos e tendas constituem-se em "aparelhos negros" espalhados pela cidade de Salvador de 1835. Círculo de leitores ouvintes, guiados pelo mestre na sabedoria do Alcorão reuniam-se a outros escravos e lideranças de quilombos, negros libertos, trabalhadores do mar e dos saveiros. "Os malês sabiam ler e escrever o árabe, fossem escravos ou libertos, passavam seus conhecimentos para outros. Reuniam-se nas esquinas para oferecer seus serviços e enquanto esperavam os fregueses se ocupavam de religião e rebelião".[2] A interação entre os grupos de negros realizava-se em torno da magia assumida pelos textos e desenhos, pelo exercício continuado da memória através das palavras que indicavam comportamentos, definiam gestos e instauravam compromissos comuns.

2 REIS, João José. *Rebelião escrava no Brasil. A história do levante dos malês (1835)*. São Paulo: Brasiliense, 1986, p. 125. Veja-se ainda MOISÉS, Sarita M. Affonso. Leitura e apropriações de textos por escravos e libertos no Brasil do século XIX. *In: Educação e Sociedade*. CEDES (Centro de Estudos de Educação e Sociedade). Campinas: Papirus. Ano XV, Nº 48, agosto/94, p. 200-212.

Os cortiços do Rio de Janeiro serviram de cenários na luta dos negros pela liberdade e, muito provavelmente, abrigaram também estes círculos de leitura, espaços de auxílio e solidariedade. Para os escravos, esconderijos, espaços de liberdade vigiada, possibilidade de realização de sonhos. Nos cortiços de São Paulo, possibilidade de sobrevivência para os trabalhadores imigrantes, livres e pobres; cenário que abrigou a construção do trabalhador novo e de uma nova ordem social que impõe a miséria. Nesse agrupamento de cômodos, uma multiplicidade de culturas. As instalações comuns e um único espaço central de circulação quase que impunham esses encontros e a experiência partilhada.

Uma comunidade de leitores supõe a possibilidade de sujeitos, cuja competência de leitura capacite a circulação dos impressos. O leitor, nessa paisagem, nem sempre é aquele que domina a leitura e a escrita. Além dele, existe o que pela audição realiza a um mesmo e só tempo essa leitura.

> ... Muitas vezes, quando ficávamos à espera de que o vidro fundisse, eu reunia meus companheiros de sofrimento e ensinava-lhes as primeiras letras ou lia-lhes livros de histórias...[3]

Pensar a circulação dos impressos, supõe também o exame da construção destas comunidades no espaço urbano do início do século.[4] O processo de alfabetização nas populações urbanas parece ter sofrido clara alteração com a presença dos operários imigrantes.

---

3 PENTEADO, Jacob. *Belenzinho, 1910 (Retrato de uma época)*. São Paulo: Martins, 1962, p. 126

4 Sobre a leitura no século XIX veja-se SCHAPOCHNIK, Nelson. Contextos de Leitura no Rio de Janeiro do século XIX: Salões, Gabinetes Literários e Bibliotecas. *In: Imagens da Cidade.*São Paulo: Marco Zero, 1994 p. 147-162.

Em São Paulo, verifica-se que as taxas de população alfabetizada entre 1872 e 1920 crescem significativamente. Estes índices de população competente para a leitura certamente foram realizados, em grande medida, pela contribuição da presença imigrante, que no velho mundo partilhavam de uma tradição já sedimentada, onde o livro e o impresso constituíam-se em bens seculares.[5]

O recenseamento geral do Brasil, realizado em 1920, inventaria dados que demonstram que, dentre a população nacional do Estado de São Paulo, 39.57% são leitores, enquanto 46.23% do total de estrangeiros são leitores, no universo total da população.[6]

Enquanto os negros escravos e libertos de Salvador realizavam a leitura com o fim da propaganda islâmica, criando uma "rede dinâmica de proselitismo, mobilização e convívio",[7] as populações urbanas dos nascentes centros fabris a realizam a partir de materiais de leitura que compunham pequenos arsenais de

---

5 "Em quase todos esses aglomerados, particularmente naqueles que recebiam a ferrovia, uma inusitada edificação instalava-se no mal traçado Largo da Matriz: O Gabinete de Leitura (...), porém, de costas para o templo. Abrigava homens novos, indisciplinados, empreendedores que começavam a figurar no universo da cidadania e da nação como pessoas. Reuniam livros proibidos, chamavam o povo para aprender a ler e contar, pregavam contra o Estado e a Igreja". MARTINS, Ana Luiza. A invenção e ou eleição dos símbolos urbanos: História e memórias da cidade Paulista. *In: Imagens da cidade. Op. cit.* p. 177-190.

6 COSTA, Ana Maria C. Infantosi. A Escola na República Velha; Espansão do ensino primário em São Paulo. São Paulo, EDEC, 1983. A população nacional do Estado de São Paulo, em 1920, é de 1.882.216 habitantes; destes, 744.852 são alfabetizados. A população de estrangeiros recenseada é de 756.747 habitantes; dentre eles, 349.869 são alfabetizados.

7 REIS, João José. *Op. cit.* p. 125.

exercício da memória e conservação da identidade, aos quais irão somar-se panfletos, folhetins e jornais operários.

> ...Minhas primeiras leituras foram em italiano. O primeiro livro que li foi I paladini di Francia, que meus irmãos também leram em casa (...) Na juventude li em italiano Quo Vadis, do polonês. Nunca li uma tradução melhor desse romance.
>
> Lia-se muito no Brasil Gabriele D'Annunzio, Giovanni Papini. (...) Comprava-se esses livros na Libreria Italiana da rua Xavier de Toledo, que importava da Itália. Havia uns livreiros, os Fittipaldi, que começaram a editar livros em português. Li a História Universal de Cesare Cantu em português, editada por eles. Mesmo os italianos analfabetos conheciam a Divina Comédia. Declamavam certos trechos transmitidos de pai para filho. Existia em São Paulo o grupo Le Muse Italiche que discutia arte. Lá no Bexiga se reuniam pessoas para declamar a Divina Comédia, aquilo era de tradição... [Memórias do Sr. Antonio][8]

Os livros guardavam verdadeiros tesouros que deveriam ser preservados como bem da família, pois guardavam, de fato, as raízes culturais trazidas na pobre bagagem. Serviam para o aprendizado das primeiras letras ao mesmo tempo em que produziam a revivescência da pátria. Longas sessões de leitura, feitas à luz da lamparina, garantiam a continuidade e sobrevivência de comunidades que se reconheciam na declamação "de certos trechos transmitidos de pai para filho" e que guardavam, portanto, tantas

8 BOSI, Ecléa. *Memória e sociedade*. *Op. cit.* p. 237.

outras histórias; estas comunidades agora alargavam-se, graças ao universo de tantas culturas.

> ...Era hábito, àquele tempo, as famílias reunirem-se, à noite, para leitura de romances, principalmente os de folhetins. Obras de Michel Zevaco, como A Ponte dos Suspiros, de ambiente veneziano, Fausta, Pardaillan, de capa e espada, faziam furor. O mesmo acontecia com os volumosos romances de Emílio Richebourg, Eugênio Sue e Ponson du Terrail. Os Mistérios de Paris, do segundo e os dramalhões, A Filha Maldita e A Entregadora de Pão eram best sellers da época (...) Várias vezes figurei como ledor, nessas reuniões (...) Mas, de todos que li, na infância, nenhum deles me influenciou tanto o espírito como Os Miseráveis que um vizinho, o barqueiro Cenio (Vicente Romano), emprestou-me (...) Passei a amar o grande Victor Hugo...[9](9)

O "ledor" torna-se figura destacada nestas sessões e depositário de prestígio social. Dava continuidade à tarefa de divulgador, em outros espaços, transformava-se num leitor público.

O livro, o folhetim, o jornal, constituem-se em veículos para textos apreendidos diversamente pelos grupos de leitores que se formam e são transformados em patrimônio coletivo. Cada vez mais, autoriza-se a circulação da palavra escrita, vulgarizando-se saberes do mundo dados a ler através dos impressos.

Rizzini, ao realizar um estudo geral sobre a informação e a imprensa no Brasil da descoberta até 1822, destaca que o entusiasmo das nações européias com a invenção de Gutemberg teve vida curta,

9 PENTEADO, Jacob. *Op. cit.* p. 108-109.

... *"Cedo, porém, esfriou tanto calor, ao constatarem soberanos e papas, magistrados e professores – as classes dominantes – que a letra de forma cortava dos dois lados"*... pois colocava em risco a integridade, fortuna e permanência das minorias organizadas ou dominantes.

No Brasil colônia, poucas obras de vulto foram produzidas, contando apenas de alguns poucos compêndios escolares de latim e de lógica, catecismos e vidas de santos, raros romances e edição de leis. A própria raridade do papel, dado seu elevado custo, impedia a circulação manuscrita, que poderia substituir o inexistente comércio livresco.

> ...Somente em quinze inventários seiscentistas de São Paulo encontrou Alcântara Machado livros, ao todo 55, quase tudo ascético. Num rol de 1612, o mais antigo, aparecem três devocionários e uma crônica do Grão Capitão, possivelmente Gonçalo de Cordova, avaliado em meia pataca, 35$000. Num espólio, as Novelas de Cervantes, noutro um tomo das Peregrinações de Fernão Mendes Pinto.
>
> No do flamengo Manuel Vandala, algo de espantoso: a Divina Comédia! Estimaram-na num despropósito: 640 réis, quase 150$000. Mas seria mesmo a obra de Dante?...[10]

---

10 RIZZINI, Carlos. *O livro, o jornal e a tipografia no Brasil, 1500-1822: com um breve estudo geral sobre a informação.* - Ed. fac-similar. São Paulo: *Imprensa Oficial do Estado de São Paulo,* 1988, p. 228. Sobre a pergunta, observa o autor que Taunay (História da Vila de São Paulo no séc. XVIII. *In:* An. do Mus. Paul., V, 173) não tem certeza, pois "a traça devorou precisamente o vocábulo seguinte a La Divine... Razoavelmente seria a divina religião, revelação ou coisa parecida".

Quanto às bibliotecas do período, constituíam-se em acervos particulares, religiosos, como a dos jesuítas da Bahia, avaliada em pequena fortuna e que, não tendo sido concorrido o leilão público para venda das obras, seguiu-se o consequente sequestro, deteriorando-se o que não foi extraviado.

> ...Foram quase todos furtados e vendidos por vilíssimos preços a boticários e tendeiros para embrulhar adubos e unguentos, ou descaminhados para ornar estantes particulares...[11]

Rizzini relata, ainda, que o mesmo ocorreu à biblioteca do colégio do Maranhão, não tendo sido visto um só livro aproveitável. No Convento de Santo Antonio, também no Maranhão, Gonçalves Dias encontrou 2.000 volumes danificados numa espécie de depósito.

> ...Por toda Ciência, Montesquieu, envergonhado de se achar entre uma álgebra em latim e a Recreação Filosófica do Padre Teodoro de Almeida (...) Os capuchos do Rio também reuniram uma coleção importante, que não precisou de sequestro para estragar-se e sumir: bastou o desmazelo dos frades, largando-a ao cupim e à chuva.[12]

As bibliotecas constituem-se em importante fator de circulação de impressos. O anuário estatístico do Brasil de 1908-1912, RJ, cataloga um total de 465 bibliotecas no Brasil, entre elas as públicas,

---

11 *Idem, ibidem.*

12 Por muitas dezenas de anos esteve entregue à água das goteiras, ao pó e aos bichos - informa Fr. Basilio Rower (A Província Franciscana,73). *In:* Rizzini, p. 228-229.

de repartições, de estabelecimentos de ensino e de corporações. São Paulo possui, segundo estes dados, o maior número de bibliotecas no país, 125 no ano de 1912. Do total, 3 são públicas, 11 pertencem a repartições públicas, 38 são de escolas, sendo 24 delas pertencentes a instituições privadas; 73 pertencem a corporações, dentre elas, 1 pertence a associação religiosa, 36 a associações literárias e 36 a outras corporações. No Distrito federal são 63 as bibliotecas existentes, sendo apenas 2 públicas. De 1912 a 1922, São Paulo atinge um total de 352 bibliotecas, compreendidas aí todas de uso não individual, por menos importantes que sejam.

As bibliotecas públicas e escolares espelhavam as preocupações do governo no sentido de dotá-las de verbas específicas. Sombras de bibliotecas, "compostas de 17 obras desdobradas em muitos exemplares"[13]. Outras, com meia centena de livros didáticos, em geral doados pelos professores. Nas bibliotecas públicas e populares, o acervo predominante era de obras de ciência, literatura ou outras vulgarizadoras do conhecimento humano; no entanto, aparecem em vários idiomas, predominantemente o francês. Nas bibliotecas de São Paulo, o número de volumes segundo o idioma indicam: 52.238 volumes em português (possivelmente, grande parte didáticos); 20.491 volumes em francês; 3.644 em italiano; 2.909 em latim; 2.391 volumes em inglês; 2.266 volumes em alemão; 1.395 em espanhol; 709 em outros idiomas e 14 obras em grego, além de 98.415 não discriminados segundo o idioma, totalizando um acervo de 184.472 volumes.

Entre as bibliotecas especializadas encontram-se a do Sindicato Contabilista (DF.1910-19), da União Beneficente dos

---

13 GOMES, Sônia de Conti. *Bibliotecas e Sociedade na Primeira República*. São Paulo: Pioneira [Brasília]: INL, Fundação Nacional Pro-Memória, 1983, p. 51.

Chauffers (DF.1920-30) e do Sindicato dos Bancos (SP. 1920-30); entre as bibliotecas populares encontram-se a do Sindicato dos Empregados em Comércio (PA.1890-99), da Sociedade União Operária (1890-99) e da Associação dos Empregados de Viação Férrea (RS. 1920-30). Este levantamento é resultado da pesquisa de Sônia de Conti Gomes e, portanto, não esgota a possível existência de outras bibliotecas ligadas a corporações de ofícios ou sindicatos e federações.[14] Estes dados podem ser menos lacunares se considerarmos a possibilidade de reconstituição da informação a partir da divulgação de bibliotecas e gabinetes de leitura organizados e divulgados pelos jornais operários, ainda que de existência não oficial e duração variável.

Uma possível contribuição a esse levantamento são as bibliotecas operárias, encontradas no jornal *A Voz do Trabalhador*, pertencentes às seguintes organizações: Federação Operária de São Paulo; Federação Operária de Santos; Federação Operária do Rio de Janeiro; Federação Operária do Rio Grande do Sul; Federação Operária de Pelotas; Federação Gráfica - RJ; Centro dos Operários Marmoristas; União Geral dos Trabalhadores do Pará; Liga Internacional dos Pintores - RJ; Associação dos Empregados Barbeiros e Cabeleireiros; Associação Protetora dos Padeiros - RS; Sindicato dos Operários Padeiros; Sindicato dos Operários da Indústria Elétrica - RJ; Fênix Caxeiral - RJ; Centro Operário Sindicalista de Belo Horizonte - MG; União dos Trabalhadores da Estiva - RS; Centro de Estudos Sociais - RJ; Centro Cosmopolita - RJ; Escola Moderna nº 2 - São Paulo; União dos Alfaiates - RJ

---

14 A pesquisa realizou um levantamento de todas as bibliotecas criadas na República Velha, relacionadas no Guia das Bibliotecas Brasileiras - 1976, e apresenta os resultados deste trabalho.

Talvez, as "letras que cortam dos dois lados", tenham sido a razão pela qual tenha se desenvolvido a vigilância do comportamento dos livros encontrados em bibliotecas operárias no início do século e a interdição de impressos, conhecida como "empastelamento".[15]

Leituras, leitores e práticas de resistência

Os textos nos folhetins e jornais, colocam-se em plena exibição, numa tentativa permanente de sedução pelo olhar do outro. Sem embalagens que lhes possam emprestar beleza, mostram retratos da vida cotidiana. Chamam, gritam e clamam pelo olhar curioso, atingido por grandes letras impressas, ou ainda por imagens; fornecem mapas, desenham lugares e gentes, povoam os pensamentos. Tornam-se íntimos, dos acontecimentos, os textos. Neles, tudo é devir, processo construído em sincronia com o real, risco permanentemente renovado.

O jornal operário constituiu-se num produto cultural particular que criou estratégias de circulação capazes de formar uma comunidade de leitores ouvintes que se alimentavam das ideias e debates surgidos naqueles círculos, provavelmente alterando as formas de relacionamento que provocaram a distribuição de pensamentos novos.

Mais que uma comunidade de leitores, os impressos operários, por suas características doutrinárias, construíram uma rede de

15 FERREIRA, Maria Nazareth. A imprensa operária no Brasil, 1880-1920. Petrópolis: Vozes, 1978, p. 104-105. Ao tratar da vida dos impressos operários, Nazareth destaca que sua vida irregular era decorrente de dois tipos de dificuldade. A 1ª era de ordem financeira e a 2ª era a perseguição por parte da ordem estabelecida. "Nessas investidas o material era apreendido, as máquinas quebradas e o pessoal geralmente aprisionado". A isso chamava-se empastelamento. Veja-se no capítulo IV, sobre perseguição e destruição de bibliotecas.

distribuidores daqueles discursos, tornaram-se detentores de um poder combatido explicitamente por uma malha de instituições (a polícia, a escola, a igreja), especialmente a polícia, nos episódios de fechamento dos jornais e na destruição de bibliotecas de sindicatos.

> ...Na Bela Vista, os carroceiros calabreses se recolhiam às seis, sete horas. Quando chegavam, guardavam os animais nas cocheiras, na rua Treze de Maio, rua Rui Barbosa, rua Pereira Barreto, que antigamente se chamava rua do Sol. Aí tinham seus cortiços... À tarde já estavam limpos (eles se lavavam, mas o banho mesmo, só tomavam nas vésperas do Natal e Páscoa) e almoçados. Liam o Fanfulla e comentavam os acontecimentos. [Lembranças do Sr. Antonio][16]

A memória do Sr. Antonio, filho de imigrantes italianos e que veio para São Paulo em 1910, guarda uma cena de leitura que oferece indícios importantes para a compreensão dos efeitos da circulação da escrita impressa, em especial do impresso operário. O Fanfulla era um dos muitos impressos lido pelos operários e que circularam no início do século em São Paulo.[17]

Dentre os leitores ouvintes, grande parte era imigrante, fato que levou à circulação cerca de sessenta títulos de jornais editados

---

16 BOSI, Ecléa. *Memória e sociedade. Op. cit.* p. 227.

17 O jornal Fanfulla era editado em língua italiana, tendo começado suas edições em 1893, encerrando-se em 1965. A imprensa em língua italiana, em São Paulo, teve muita expressão entre 1882 e 1914, período em que aparecem 140 títulos, tendo, no entanto, a maior parte deles, vida efêmera à exceção de uns poucos. Sobre a vida associativa dos italianos em São Paulo, veja-se: Miséria e esperanças: a emigração italiana para o Brasil: 1887-1902, por Angelo Trento *In:* Trabalhadores no Brasil: imigração e industrialização. *Op. cit.* p. 15-42.

em idioma estrangeiro de 1879 a 1927.[18] Não raro, essa leitura era sincronizada a uma versão mais ou menos suficiente para o entendimento e o debate.

> ...Todas as manhãs, mandava chamar-me, para ler--lhe o 'Fanfulla', que meu padrasto recebia diariamente. Eu lia e traduzia, na hora, tal a familiaridade que tinha com o idioma de Ariosto.[19]
>
> ...Nessa época, lia a revista de cinema A Cena Muda, Eu Sei Tudo. E os folhetins do Fanfulla, como II fiacre, que vinham todos os dias em capítulos. Meu pai lia sempre o Fanfulla e trazia notícias para nós. "Guarda, guarda, hanno fatto una rivoluzione *In:* Russia. Son gli partiti!..." Quando eu era moço houve um ladrão famoso, ouvi falar que roubava dos ricos e dava aos pobres. O Fanfulla sempre noticiava essas novidades... E li também os desastres da Central do Brasil em que se perdia muita gente... [Lembranças do Sr. Ariosto][20]

Desta forma, não só as notícias eram distribuídas, mas uma enorme rede de multiplicadores potenciais se criava a partir de práticas nascidas da relação com o impresso.

18 FERREIRA, Maria Nazareth. A imprensa operária no Brasil, 1880-1920. Petrópolis: Vozes, 1978, p. 89-91. "Dos 343 títulos encontrados neste período [último quartel do século XIX até as duas primeiras décadas do século XX], 60 eram editados em idioma estrangeiro, sendo 1 em alemão, 4 em espanhol e 55 em italiano. Dos jornais editados em língua estrangeira, 53 situavam-se em São Paulo, 3 no Rio de Janeiro e 4 nos outros estados."

19 PENTEADO, Jacob. *Op. cit.* p. 102.

20 BOSI, Ecléa. Memória e sociedade. *Op. cit.* p. 162

> ...Lia os panfletos de Edgard Leurenroth, figura admirável de lutador (...) Os operários gráficos eram conscientes, tinham um jornal chamado Plebe, na rua Rangel Pestana, hoje avenida Tiradentes (...) Havia um único jornal de oposição aqui que dava as notícias: O Combate (...) Um jornal clandestino, o 5 de Julho, chegava às nossas mãos pelo correio. Recortávamos os artigos, tirávamos cópias, pregávamos nas portas... [Lembranças de D.Jovina][21]
>
> ...Vovó lia sempre o jornal, estava a par de toda a política e tinha opinião. (...) Quando papai estava, a casa era efervescente na hora do almoço, do jantar. Tínhamos dois jornais, o jornal lido e o jornal falado (...). Em casa sempre se leu jornal. Quando vinha uma notícia era por telégrafo, nós vivíamos mais de notícias forjadas no jornal que notícias lá propriamente. (...) Nós acompanhávamos a coluna Prestes por um jornal clandestino, o 5 de Julho, impresso no Rio. Apesar da censura toda, nós acompanhávamos o vaivém da coluna, sabíamos onde Prestes andava. Nós copiávamos os comunicados do jornalzinho, mimeografávamos, depois saíamos à noite e pregávamos nas portas... [Lembranças de D. Brites][22]

O grande número de jornais que circulavam, especialmente os de língua estrangeira, fazem supor uma rede de solidariedade nacional que se desenvolvia com o fim da manutenção de laços culturais, de identidade dos grupos.

Para analisar a circulação e usos do impresso, tomamos o jornal *A Voz do Trabalhador* por ser nosso objeto de investiga-

21 *Idem*, p. 291-294

22 *Idem*, p. 303-328.

ção. Parte das dificuldades descritas para a existência do jornal são extensivas à publicação de praticamente todos os impressos operários, jornais, revistas, folhetos; viviam de listas de subscrição voluntária. "Possuíam condições muito adversas de sobrevivência: além dos limites de ordem financeira, a ausência de plena liberdade de imprensa ocasionava problemas frequentes, com o empastelamento de várias redações pela polícia, em momentos agudos da luta de classes"[23]

A vida dos impressos operários enfrentava dificuldades, especialmente as financeiras que afetavam a regularidade tanto das edições quanto da distribuição. "Não Mora", esta nota do correio nas devoluções de grande número de jornais, segundo constantemente se faz publicar, exige dos editores do jornal *A Voz do Trabalhador* um esforço em reeducar o leitor, com breves pedidos de que tenham cuidado em avisar sobre a mudança de residência.[24] Sem dúvida, esse detalhe oferece indícios importantes para compreendermos a circulação do impresso entre uma coletividade que era quase nômade, posta à mercê de condições objetivas de sobrevivência que impõem a incerteza constante tanto de trabalho como de local de moradia.[25]

Destinada a uma comunidade de leitores despossuídos, depende-se das entidades operárias para a manutenção das edições.

---

23 HARDMAN, Francisco Foot & LEONARDI, Victor. *História da Indústria e do Trabalho: das origens aos anos vinte.* São Paulo: Global, 1982 (Teses Nº 6), p. 323.

24 Muitas vezes, a moradia está intimamente ligada ao local de trabalho, como nas vilas operárias construídas junto às fábricas tanto, em São Paulo quanto no Rio.

25 Pelo Jornal. *A Voz do Trabalhador*. Ano II, Nº 19, (30.10.1909).

A perseguição era outro fator que contribuía para causar interrupções de publicação e mesmo fim de vários impressos. A preocupação da Comissão, para com o uso do impresso, fica gravada também textualmente. "Aos que Recebem o Jornal – pedimos o favor de o devolverem caso não o queiram. É uma simples questão de cavalheirismo, a que ficamos gratos".[26]

Os apelos às associações operárias são constantes; as tarefas de divulgar e recolher os jornais mostram-se lado a lado. Estratégias de sobrevivência do jornal por si têm início com ações que prevêem a venda de rifas, promoção de festas beneficentes com apresentação de peças teatrais, recitação e conferências.

A distribuição e disseminação de *A Voz do Trabalhador* se dão primeiramente por assinaturas e listas de subscrição e são comuns os pedidos aos assinantes e organizações operárias que contribuam com regularidade para a garantia das edições seguintes. Os engraxates, à essa época, eram distribuidores importantes. "Em São Paulo, A Voz do Trabalhador pode ser encontrado na Largo da Sé, nº 5, engraxate."[27]

O envio do jornal para outros organismos de mobilização operária nacional e internacional é uma prática que se mostra intensa entre as redações de jornais operários em todo o mundo, sendo o correio e o telégrafo essenciais para a manutenção da solidariedade internacional.

Outros dispositivos de distribuição são utilizados. "Ler e dar a outrem ler A Voz do Trabalhador é semear para colher".[28] À me-

---

26 Aos Que Recebem o Jornal. *A Voz do Trabalhador*. Ano IV, Nº 23 (15.01.1913).

27 *A Voz do Trabalhador*. Ano II, Nº 44 (1909).

28 *A Voz do Trabalhador*. Ano VI, Nº 23 (1913).

dida que as dificuldades de manutenção das edições aumentam, torna-se uma constante a lembrança e o apelo aos amigos para que não deixem de contribuir.

Ler e dar a outrem ler, transformar o impresso num bem coletivo são estratégias propostas para ampliar a comunidade de leitores. A cada um é dada a função de distribuir, disseminando não só as ideias, problemas e propostas de organização como também a de transformar as relações na construção múltipla de significações que possibilitam a emergência de práticas organizatórias e de luta.

Invadindo os espaços mais inesperados e dando-se a ler muitas vezes pela audição, a imprensa operária recrutava seus leitores entre as camadas populares e operárias. O esquecimento foi uma tática também utilizada como meio de divulgação colocada em prática em 1913, desta vez tentando ampliar o debate para além das comunidades operárias e em meio a agonizante luta pela manutenção do jornal: "Operários – Depois de lerdes *A Voz*, deixai-a no trem, no bonde, no café ou na barbearia, para que outros a leiam. É a melhor maneira de difundir o jornal."[29]

A invasão do impresso no espaço institucional utilizado para deter e reprimir a organização operária, fornece exemplo raro de desobediência ao confisco e ao controle do que é e não é permitido, tanto no que diz respeito aos discursos contidos no impresso, quanto à permeabilidade da própria instituição no controle do desenvolvimento de práticas que subvertem a ordem estabelecida.

> ... Lá no cárcere onde está cumprindo a pena que lhe foi imposta pelas leis vigentes, por um crime que não sabemos qual foi, nem quais foram as causas de-

29 *A Voz do Trabalhador*. Ano VI, Nº 45 (1913).

> terminadoras, recebeu ele o pequeno baluarte das nossas reivindicações: *A Voz do Trabalhador*.
>
> O seu cartão diz pouco, quase nada de si, antes dos outros. Salienta ao terminar: Recebi o seu excelente jornal. Eu não posso contribuir com quantia alguma, porque sou um preso muito pobre. Sou um bom camarada, faço propaganda da folha e peço continuar com a remessa gratuitamente.[30]

A propaganda da "folha" muito provavelmente constitui-se numa prática da oralidade entre os reclusos, uma leitura partilhada, povoada por representações do poder, oferecidas a partir dos textos lidos-ouvidos; do acompanhamento aos acontecimentos e do contato com o frequente balanço das lutas travadas.

A organização e seleção dos textos parece fazer combinar a possibilidade de uma leitura intensiva, repetida inúmeras vezes e extensiva, quando os sinais mapeiam o conteúdo dos textos e orientam o leitor de modo que possam passar por eles apenas uma vez, seguindo para os próximos textos.[31]

A leitura intensiva dos impressos se dá principalmente na circulação, quando um único suporte material para os textos é cedido, emprestado, "esquecido" para que outros deles tomem contato ou quando os textos se caracterizam por um discurso doutrinário, veiculador de teorias que pretendem explicar o real. Nestes casos,

---

30 Na tribuna da vindita. *A Voz do Trabalhador*. Ano VI, Nº 25 (fevereiro/1913).

31 Nos apropriamos para essa análise, do modelo geral de leitura proposto por um historiador do livro, Rolf Engelsing, citado por Darton, que afirma ter ocorrido, ao final do séc. XVIII, uma "revolução na leitura". Nesse modelo, a leitura intensiva realizada na Idade Média, liga-se à ausência de livros. "Tinham apenas alguns livros – a Bíblia, um almanaque, uma ou duas obras reli-

é comum verificar a publicação de artigos divididos em capítulos que se seguem por várias edições, de modo que o leitor apenas poderá apropriar-se deles se acompanhar a leitura das edições seguintes. Estes textos diferenciam-se dos demais por exigirem dos leitores, além do entendimento suficiente, que garanta a construção de "um sentido" pretendido pelo discurso, a vinculação deles (leitores) ao reconhecimento e aceitação de certas "verdades".[32]

Executando um papel de sedimentador destes textos doutrinários, existem aqueles que, sem declarar a intencionalidade, corroboram com a afirmação e verificação daquelas verdades em outro contexto, transformando a doutrina, desta vez, num comentário que se aplica à repetição, construindo indefinidamente novos discursos que reatualizam o que antes já havia sido dito (lido). Assim, os comentários recolocam, em termos práticos, e num ter-

giosas – e liam-nos inúmeras vezes, geralmente em voz alta e em grupos..." A partir de 1800 "as pessoas estavam lendo, 'extensivamente'. Liam de tudo, em especial jornais e periódicos, e apenas uma vez...". Darton critica a teoria, e aponta como principal falha o seu caráter unilinear, pois a leitura não evoluiu numa única direção, a da extensividade; assumiu formas diferentes entre diferentes grupos sociais em épocas diversas. O exame dos diversos dispositivos textuais utilizados no jornal e suas formas de circulação e divulgação sugerem uma combinação dessas possibilidades. (Darton, 1990, p. 155)

32 Foucault destaca que as doutrinas, ao contrário das sociedades de discurso, tendem à difusão e é pela apreensão em comum de um só e mesmo conjunto de discursos como de indivíduos que se definem sua dependência recíproca. Aparentemente, a única condição requerida é o reconhecimento das mesmas verdades e a aceitação de uma certa regra. Desta forma, a doutrina teria por tarefa a vinculação dos indivíduos a certos tipos de enunciação e ao mesmo tempo, a proibição de qualquer outro na medida em que vinculando-os de entre si, os diferencia de outros grupos. FOUCAULT, Michel-El. *Ordem del discurso*. S.A. Barcelona: Tusquets Editores, 1987, p. 36-37.

ritório conhecido, os problemas que a teoria antes trazia enquanto sistema de pensamento.

A presença constante desta fórmula possibilita o retorno aos textos, seja para a formulação de uma síntese de leitura – quando são publicados em artigos – seja para uma pretendida exaustão do entendimento dos textos, provocada pela divulgação e pela múltipla construção de sentidos que produz na comunidade de leitores.

A leitura extensiva dos textos torna-se possível dados os protocolos a ela oferecidos. É o caso do mapa fornecido por títulos antecipados que funcionam como guias e sinais visíveis de identificação. Estes mapas, que inicialmente sinalizam o conjunto dos textos, assumem lugares de memória que são logo buscados pelo leitor a partir dos compromissos firmados já entre a disposição dos textos e a leitura do impresso. Desta forma torna-se possível a intimidade com os textos e a autorização de uma leitura desregrada, feita aleatoriamente, segundo os íntimos interesses do leitor na relação que mantém com o impresso.

O estilo processual do tratamento dado às notícias e consequentes comentários ou debates, tornam-se também reforçadores destes lugares de memória, caracterizados por seções que guardam ou reúnem a história dos acontecimentos. Neles importa mais a sequência que o retorno, pois a rememoração é executada no processo que acompanha o acontecimento.

A necessidade de tornar os textos facilmente decifráveis pelos leitores determinou a construção de textos muito próximos à fala, como se fosse possível ouvir o próprio autor falando, sendo perceptível a força do discurso em determinados trechos, como se o orador, naquele instante, estivesse pleno de ira e tomado de emoção. Estes textos carregam, pela forma da escrita, a expressão de sentimentos próprios, em que a rebeldia, a indignação, o pessimismo, vontade de transformação se declaram incontestavelmente.

Outro conjunto de textos operavam estrategicamente, de modo a, no limite, apagarem a textualidade para produzir, na prática, comportamentos ou condutas específicas. Caso exemplar é o artigo intitulado Boicotagem.

> Na Irlanda, o diretor dos extensos domínios de lord Erne, no condado de Maio, o capitão Boycott, tinha-se tornado tão antipático pelas suas medidas de rigor contra os camponeses, que estes o colocaram em crítica situação: quando se deviam recolher as colheitas do ano de 1879, Boycott não pode encontrar um só trabalhador para recolher e armazenar as suas colheitas; em toda a parte lhe negaram até os menores serviços; todos se afastavam dele como de um empestado (...) A ação de repúdio e de desprezo, começada contra Boycott, continuou na Irlanda, tomando o nome de boicotagem. Dali passou a Inglaterra estendendo-se rapidamente por todo o continente. E como se emprega a boicotagem? Da seguinte forma: Quando um patrão quer reduzir os salários, aumentar o horário de trabalho ou suprimir, por capricho, por ser mais conveniente que todos os outros, e sem causa justificada, algum operário da fábrica ou oficina, aplica-se a boicotagem a este patrão, por meio de anúncios, circulares, reuniões, manifestações, ou outros meios que se julguem convenientes, convidando o público a que não compre os seus produtos, até ao dia em que aceda as reclamações apresentadas. Reconhecendo o público as justas reclamações dos operários, não se mostrará indiferente, e o patrão ver-se-á obrigado a capitular.

> Apresentemos alguns exemplos(...) Em Londres, em 1893, os empregados dos armazéns exigiram dos seus patrões o encerramento dos estabelecimentos uma tarde todas as semanas, para compensar a tarde do sábado, durante a qual trabalham enquanto os operários descansam. Os donos dos armazéns que se negaram a ceder ao pedido dos seus empregados, foram obrigados por meio da boicotagem a mudar de atitude. Um dia, entre outros, os boicoteadores entraram em um armazém de presuntos, atirando com tudo o que ali havia para a rua. E este não foi um caso isolado; podia-se citar muitíssimos. Graças a esta audácia e energia os boicoteadores conseguiram a vitória; desde então, uma vez por semana, das 3 as 5 horas da tarde, os armazéns de novidades e outros, fecham as suas portas(...) A Boicotagem, pois, parece-nos uma arma suficiente em certas circunstâncias, para os operários obterem uma vitória sobre os patrões. Dependerá a sua aplicação, da propaganda que dela fizermos; e o resultado útil a esperar, da forma conscienciosa como ela for aplicada.[33]

O texto estrutura-se de modo a informar as origens históricas da prática e a caracterização do ar social da época. Segue uma "tradução contemporânea" do como empregar a prática, descrevendo passos a serem seguidos e formas de organização. Por fim, exemplifica-se, a partir de dados concretos e acontecimentos deslocados e variados, o sucesso da empreitada, favorecendo a possibilidade de aceitação da forma de luta proposta.

O texto prevê, na escrita, o caminho da recepção de modo que ele próprio transforme-se em gestos feitos, ações desencade-

33 *A Voz do Trabalhador*. Ano II. Nº 16 (1909).

adas. Aqui, a relação entre textualidade e ação prática fornece ao leitor não só uma sugestão, mas indica os passos a seguir para obter o êxito da empreitada.

O impresso e sua circulação inauguram a possibilidade de ações coletivas de resistência, disseminando entre os operários formas de luta correspondentes a uma nova identidade que se tenta imprimir a partir da relação de forças simbólicas que estabelece entre as representações circulantes sobre a classe operária. Exemplo é a construção de uma representação do operariado enquanto força coletiva, capaz de abater o avanço da exploração do capital. As práticas da boicotagem e da sabotagem são minuciosamente descritas e propagandeadas como estratégias a serem utilizadas.

> OPERÁRIOS
>
> Na Estrada de Ferro Noroeste espera-vos a miséria, a febre, a fome e o calote. O escravocrata Machado de Mello deve ser boicotado.Ninguém deve ir trabalhar na Noroeste.Ali morre-se vitimados pelas febres, pela miséria e pelo chumbo dos capangas.[34]

Tão importante quanto a prática da Boicotagem, torna-se a da Sabotagem como meio de luta. Go Canny é palavra utilizada para designar uma tática empregada pelos operários ingleses em lugar da greve.

> ... A má paga, mau trabalho. Esta linha de conduta, empregada pelos nossos camaradas ingleses, cremos que pode ser aplicada entre nós, pois que a nossa situação de operários assalariados é muito pior que a

34 *A Voz do Trabalhador*. Ano I, Nº 10 (1909).

dos trabalhadores ingleses. Falta-nos definir debaixo de que forma se deve praticar a sabotagem.

Todos sabemos que os patrões escolhem atualmente, para aumentar a nossa escravidão, o momento em que nos é mais difícil resistir as suas pretensões, pela greve, único meio empregado até hoje como meio e tática de luta organizada.

Impossibilitados, a maior parte das vezes, para se declararem em greve, os operários vêem-se obrigados a aguentar novas e continuas exigências dos patrões.

Com a sabotagem a coisa muda de aspecto; os trabalhadores podem resistir melhor, porque não estão por completo à mercê do patrão e porque não são a massa que o amo comprime como quer; têm nas suas mãos um meio de afirmar a sua vitalidade e provar ao opressor que ainda são homens.

Por outro lado, a sabotagem não é tão nova como parece; no tempo que os trabalhadores aplicam individualmente, ainda que sem método. Por instinto diminuem o seu trabalho sempre que se apresentam exigências patronais (...) Se, adotando o sistema de fazer o menor trabalho possível, os patrões recorrem ao trabalho de empreitada, então é necessário aplicar à sabotagem a qualidade e não a quantidade (...)

A sabotagem, além de se aplicar às mercadorias, pode também aplicar-se aos utensílios de trabalho (...) Com a "boycotagem" e seu complemento indispensável, a sabotagem, possuímos uma arma de resistência eficaz que, no dia em que os trabalhadores sejam suficientemente fortes para se emancipar integralmente, nos permitirá fazer frente à exploração de que somos vítimas...[35]

---

35 *A Voz do Trabalhador*. Ano II, Nº 17 (1909).

Sabotar e boicotar são ações planejadas, estratégias simbólicas que determinam posições e relações que podem fortalecer a identidade do grupo. Apenas potencialmente estas práticas ganham valor distinto. Exigem o reconhecimento popular e a capacidade do operariado em realizar uma ação integrada.

A união dos trabalhadores de todo o mundo e a solidariedade entre os diferentes grupos pode controlar toda sorte de arbitrariedades, seja dos governos ou dos patrões. Nessa perspectiva, ou seja, na intenção de fazer internalizar valores, é que o jornal dedica espaço ao "ensino" de práticas de resistência que preservam a exposição dos corpos, que não ocorre, por exemplo, durante as greves. Forças potenciais, materializadas em práticas específicas, são postas em alerta durante a leitura.

O movimento operário brasileiro, em luta pela revogação da Lei de Expulsão, ameaça boicote internacional ao café brasileiro.

> ...ou o governo do Brasil revoga a imoralíssima lei de expulsão, ou os nossos camaradas da Europa atrapalharão a corrente emigratória para cá e boicotarão o café brasileiro. Assim mesmo. Nem um saco de café será desembarcado. Não há meio termo. É ali no duro. Ou a revogação da lei, ou a boicotagem...[36]

---

36 *A Voz do Trabalhador*. Ano VI, Nº 31 (1913).

Uma demonstração de resistência

...esses velhos lutadores e semeadores de ideias eram tipos bizarros e fascinantes... Uns tinham vasta grenha, longos cabelos à garibaldina, outros bigodudos e barbaçudos. Sua palavra era branda e sempre amiga, de nobres intuitos. Vinham de toda parte do Velho Mundo – da Itália, da Áustria-Hungria, da Espanha, da Rússia, da Polônia, da Alemanha, tendo tomado parte em terríveis conspirações, em assombrosos atentados, em refregas e levantes populares, escapos da forca, dos campos de trabalho forçado na Sibéria, dos presídios e calabouços, dos confinamentos nas ilhas polinésias ou nos desertos africanos – gente tão generosa em atitudes, tão pura em sentimentos, tão culta em conhecimentos... não tinham lar, nem pátria, nem família. Andavam dispersos, tocados de terra em terra, vigiados pelas polícias, perseguidos pelos magistrados... e viviam a sua pobreza discreta, quase oculta, sem uma queixa, sem uma leve demonstração de arrependimento, sem o menor desalento, sem manifestar tristeza ou mau humor. O seu ódio era a má organização social existente, apenas.[1]

---

1 E.L. Prefácio. DIAS, Everardo. *História das Lutas Sociais no Brasil.* São Paulo: Alfa-Omega, 1977.

A voz do trabalhador – algumas condições materiais de edição

O jornal *A Voz do Trabalhador* nasce em 1906, como uma das bases de acordo do 1º Congresso da Confederação Operária Brasileira, realizado no Rio de Janeiro, com a finalidade de ser um jornal nacional, assumindo a função de núcleo aglutinador dos esforços de organização do operariado, divulgando informações vitais capazes de fazer superar as diferenças presentes nas lutas operárias, fornecendo perspectivas de unificação do movimento, a partir da divulgação sistemática da situação dos trabalhadores de todas as categorias no país, visando a emancipação do proletariado.

A Confederação Operária Brasileira tinha por fim, entre outros, "Estudar e propagar os meios de emancipação do proletariado e defender em público as reivindicações econômicas dos trabalhadores, servindo-se para isso de todos os meios de propaganda conhecidos, nomeadamente de um jornal que se intitulará *A Voz do Trabalhador*".[2]

A finalidade do jornal bem como seu entalhe, estão dados no 1º Congresso. Sua redação será feita por uma Comissão Confederal e ele publicará: 1º) Informações sobre o movimento operário e associativo; a) resumo das resoluções das sociedades aderentes; b) convocação e avisos das sociedades aderentes; c) artigos que a redação considerar contidos nos limites marcados pelas presentes bases de acordo, assim como redigi-los de modo compreensível, e isentos de questões pessoais. 2º) O Congresso dirá, cada ano, se a redação do jornal correspondeu à confiança depositada.

2 *A Voz do Trabalhador*. Ano II. Nº 21 (1909).

De 1908 a 1909, a Confederação Operária Brasileira publica *A Voz do Trabalhador*, com 21 edições. Após um período de interrupção, retoma as publicações em 1913 e edita mais 50 números até 1915.

A Voz do Trabalhador reunia notícias de todos os cantos do país, num visível esforço de vinculação dos operários entre si. Suas páginas se organizam segundo uma economia solidária, garantindo espaços às notícias vindas de operários e organizações de todo país, as notas e artigos dedicados à formação intelectual e ao fomento dos debates.

Estabelece uma espécie de diálogo com os outros jornais operários, divulgando o surgimento de novos periódicos, denunciando invasões e destruição de sindicatos e organizações operárias, propagandeando notícias de leitura, palestras, cursos. Divulgando a situação do proletariado internacional.

Nesta rede de comunicação, *A Voz do Trabalhador* concretiza sua função de núcleo aglutinador recebendo as notícias, transmitindo-as de modo processual. Seguem-se, às vezes, o tratamento de uma mesma notícia por várias edições do jornal, de modo a participar do acontecimento mesmo, na medida em que informa, comenta, sugere formas de ação e acompanha à distância, mas por dentro, os problemas do operariado.[3]

A Voz do Trabalhador tem seu conteúdo delimitado por uma comissão editorial que deve, segundo as indicações do congres-

3 Criado no Congresso de 1906, o jornal é editado pela primeira vez em 01 de julho de 1908 e anuncia que "se publicará quinzenalmente por enquanto". A Confederação inicia suas atividades específicas no mesmo ano, pois, "Os companheiros que com a sua atividade poderiam ter dado vida à Confederação, viram-se obrigados a dedicar todas as suas energias

so, editar "artigos que a redação considerar contidos nos limites marcados pelas presentes bases de acordo, assim como redigi-los de modo compreensível, e isentos de questões pessoais". Desse modo, as decisões de seus editores, quanto à seleção dos textos, respondia a uma lógica que tinha por fim controlá-los, submetendo-os a uma série de regras implícitas ou explícitas do que, como e quando determinados textos deveriam circular.

O controle dos textos, para além de seus conteúdos, deveria ser exercido também sobre o espaço e o tempo. Nem sempre esse controle se exerce a partir da comissão editorial, mas dos próprios limites que se impõem ao jornal. O compromisso de "dar Voz ao Trabalhador" implicava uma exigência de atualidade das notícias que nem sempre se podia cumprir.

> Atenção – Há quase um mês que o jornal está composto na tipografia. Não contando com recursos para pagar a composição de novo, somos forçados a publicar muita matéria quase fora de atualidade, sendo-nos impossível publicar os originais que nestes últimos dias temos recebido.[4]

Assim, grande quantidade de trabalho empregado na seleção e controle dos textos perdia-se em meio às vicissitudes do cotidiano da organização operária:

---

e todo o seu tempo a revigorar as associações existentes, quase todas em decadência e submergidas na apatia, pois compreenderam bem que sem este trabalho de reorganização a Confederação nascia raquítica e sem probabilidades de existência, ao menos por enquanto". *A Voz do Trabalhador*. Ano I, Nº 1 (julho/1908).

4 *A Voz do Trabalhador*. Ano I, Nº 8 (13 de janeiro.1909).

> Falta de espaço – Devido à absoluta falta de espaço ficam bastantes originais para o próximo número, entre os quais o final do artigo sobre a greve da Companhia Docas de Santos.[5]

Tudo conspira em meio à brava luta da Voz pela sobrevivência. Tempo, espaço, recursos. Uma guerra silenciosa é travada e cada número publicado significa uma vitória. O que vem à tona, materializando-se textualmente, é apenas parte do que precedeu a batalha.

Iniciamos aqui um exame das inscrições deixadas durante a vida d'*A Voz do Trabalhador* no próprio impresso. Inscrições provavelmente despercebidas pelos leitores de seu tempo, mas que transformaram os acontecimentos passados num relato que guarda de forma indelével o realizar de um sonho. História de vida agonizante que se mistura, confunde e retorna à sua própria, encerrada no silêncio.

O jornal *A Voz do Trabalhador* foi feito por operários com os recursos dos próprios operários e de suas organizações. As condições materiais de edição formam quase que uma história à parte do próprio impresso, constituindo-se numa espécie de consciência presente em todos os momentos; tão crua e real quanto o seu fazer; fornece o solo para onde os devaneios devem ser trazidos. Partilha os sonhos, mas tem a tarefa de a eles dar materialidade.

Seu projeto é propagar a organização sindical e a emancipação dos trabalhadores da tirania e exploração capitalista através da ação direta do sindicalismo revolucionário. O primeiro passo é a luta contra a situação de depauperamento dos trabalhadores, tra-

---

5 *Idem, ibidem*

duzida na conquista das 8 horas de trabalho; depois, a libertação dos preconceitos morais, políticos e religiosos.

> Da nossa parte não mediremos esforços, nem pouparemos sacrifícios para manter esse jornal. É demasiado intensa a fé na justiça da nossa causa para que arredemos, quaisquer que sejam os obstáculos que se nos anteponham. É preciso não descansar um instante, o verdadeiro revolucionário só repousa no túmulo.[6]

Essa voz que se pretende fazer ouvir pelo jornal deve ser obra do esforço e consciência de todos os trabalhadores e organizações operárias. Dar materialidade a ela, transformá-la no impresso, significava também uma luta a ser travada entre os mais elevados ideais da classe e as condições materiais efetivas existentes para dar-lhe suporte. Inicia-se, desta forma, a busca das condições que possibilitem a edição do jornal. São abertas listas de subscrição permanentes que recebem doações e assinaturas trimestrais do periódico. Festas são promovidas com o objetivo de angariar fundos para o jornal.

A edição de número 3 divulga uma quermesse que acontecerá com esse fim e solicita a doação de objetos para a festa. Anuncia que "A Voz se publicará quinzenalmente por enquanto, dependendo a sua publicação semanal do apoio que lhe preste o operariado do Brasil".[7]

Além das listas de subscrição e das assinaturas – feitas através do correio – tem início a divulgação de locais onde A Voz encontra-se à venda. Os primeiros locais são do Rio de Janeiro e, posteriormente, São Paulo. Em outras cidades a venda avulsa faz-

6 *A Voz do Trabalhador*. Ano I, Nº 1 (julho/1908).

7 *A Voz do Trabalhador*. Ano I, Nº 6 (agosto/1908)

-se por companheiros de organizações operárias ou nos próprios sindicatos, através de pacotes enviados pelo correio.

A primeira interrupção na publicação ocorre em setembro de 1908, dois meses após a circulação do primeiro número, voltando a ser editada em 22 de novembro. A indiferença do operariado é apontada como a causa da suspensão sofrida pelo jornal. A edição de novembro de 1908 (Nº 5), anuncia que o assunto foi estudado pela Comissão da Confederação e que resolveu-se iniciar a publicação semanal d'*A Voz do Trabalhador*, contando apenas com as assinaturas, pois as listas de subscrição voluntária eram incertas. Rogam aos companheiros do Rio de Janeiro, São Paulo e de outros Estados que cumpram suas promessas de apoio.

O projeto de contar efetivamente com os recursos vindos das assinaturas parecem ter-se frustrado igualmente, pois seguidas vezes aparecem notas "Aos assinantes", prevenindo que serão visitados pelo cobrador e pedindo para que deixem a importância de suas assinaturas para evitar perdas de tempo. Em São Paulo, os assinantes devem deixar a importância de suas assinaturas na "Federação Operária, no largo do Riachuelo".

Ao final das edições aparecem o valor das assinaturas e a publicação das listas de subscrição recebidas com o balancete do jornal. A edição de número 6 traz ainda um lembrete dizendo que "*A Voz do Trabalhador* não é um órgão de critério estreito e dedicado exclusivamente aos assuntos de classe. Ele é uma tribuna ampla e livre da qual os operários poderão expor e defender os ideais que comovem o mundo e impulsam a humanidade a caminho da maior perfeição possível".

A publicação semanal é mantida regularmente por duas edições e novamente, após a edição de dezembro (Nº 7), ocorre interrupção, "por absoluta falta de recursos".

Enganados pelo otimismo, iniciaram "a publicação semanal contando com pouquíssimos recursos, confiados na esperança de que os companheiros, ao receberem o primeiro número, poriam em campo a sua atividade e tratariam de enviar-nos imediatamente o apoio pecuniário prometido". Perguntam o que esperam os companheiros e quando efetuarão os pagamentos dos jornais que recebem. Pedem aos que querem auxiliar o jornal para que mandem imediatamente o auxílio. A edição de número 8 traz, pela primeira vez, uma propaganda do próprio jornal – "Ler e dar a outrem ler *A Voz do Trabalhador* é fazer propaganda, é semear para colher".[8]

Enquanto a edição do jornal encontra-se totalmente submetida aos recursos disponíveis, o recebimento de notícias e artigos não cessava. A demora na retirada do jornal da tipografia – pela falta de pagamento – trazia problemas, pois quando o jornal passava a circular, muitas das notícias já não eram atuais e outras deixavam de ser publicadas pela impossibilidade de nova composição e de espaço, ficando muito material no aguardo da próxima publicação.

A segunda edição de 1909 (Nº 9, abril), ocorre três meses após a primeira. Desta vez em formato reduzido, para poder garantir a publicação regular. São abertas novas listas de subscrição voluntária e renovados os apelos de auxílio.

As dificuldades enfrentadas com a manutenção do jornal desencadeiam um processo de discussão a respeito das causas daquelas dificuldades.

A regularidade na publicação é um fator importante para que se estabeleça o vínculo entre os operários e o jornal, de modo a criar um contexto propício à ação da propaganda sindical. A tarefa

8 *A Voz do Trabalhador*. Ano I, Nº 8 (janeiro/1909)

de realizar um jornal que aglutine os trabalhadores em torno de questões de importância geral, parecia também difícil de equacionar, na medida em que a própria mobilização das "classes" ou categorias acontecia de maneiras diferenciadas. A representatividade buscada, portanto, nem sempre foi reconhecida por estas "classes".

O recebimento de notas, a divulgação de artigos ou acontecimentos sofriam uma seleção regrada pelos princípios assumidos pelo jornal; ao mesmo tempo a comissão confessa as dificuldades no recebimento das notícias de diversas regiões e organizações. Muitas vezes, as informações que transmite são transcrições de outros jornais operários.

A edição de 1º de maio de 1909, traz um artigo que transcreve parte de ofício recebido pela Comissão Confederal, responsável por editar o jornal. O ofício sugere que a publicação de *A Voz do Trabalhador* deva ser realizada pela União dos Sindicatos de São Paulo, como periódico mensal. A necessidade de um órgão em língua nacional é o que move a União dos Sindicatos de São Paulo. Aquela organização entendia que as interrupções na publicação se deviam à pouca aceitação do jornal como órgão confederal, além do predomínio de notícias do movimento operário do Rio de Janeiro. Julga que o jornal deveria fazer uma "crônica geral do Brasil e que destine o espaço restante à propaganda".

A resposta da Comissão ao ofício é tratada publicamente em artigo intitulado O Órgão da Confederação. Nesse artigo, a Comissão revela as dificuldades no recebimento de correspondência, comunicações, notas e dados sobre o movimento.

> ... Nesse sentido foram enviadas cartas às associações confederadas, as quais responderam (e não todas) com promessas que nunca cumpriram. Não

> mandaram correspondências, não mandaram notas, não mandaram dinheiro. Não mandaram nada, enfim. E assim ao quarto número o jornal teve que suspender a sua publicação. [9]

Os pedidos de auxílio foram renovados e mais quatro números foram publicados e custeados em parte pela própria Comissão. Os problemas, quanto ao recebimento de informações, perduraram e a resposta à censura da União dos Sindicatos de São Paulo problematiza as funções do jornal como órgão da Confederação.

O tempo que separa um número de outro é vital para a manutenção da propaganda. Um jornal mensal, como propunha a União, não serviria a tal escopo. Assim, a proposta é de que decidam as associações confederadas sobre o destino do jornal.

Mesmo após ter-se tornado pública a questão das dificuldades de organização das entidades operárias, no sentido de encaminharem à Confederação suas contribuições e notícias, surge, no número seguinte, breve recado, intitulado "Pregando no Deserto...".

O próprio título traduz a insatisfação da Comissão que edita o jornal "...Nós é que não compreendemos a necessidade da existência de uma Confederação Operária sem que tenha vida real nem exerça a sua ação no movimento operário. A Confederação não é a Comissão que está no Rio, mas as associações confederadas espalhadas pelo Brasil...". O final do recado sugere que a próxima assembléia resolva sobre a mudança da sede da Confederação para outra localidade ..."se for possível conseguir que os delegados se reúnam...".[10]

---

9 Manuel Moscoso. O Orgam da Confederação. *A Voz do Trabalhador*. Ano I, Nº 10 (maio/1909).

10 Pregando no deserto... *A Voz do Trabalhador*. Ano I, Nº 11 (maio/1909).

Se por um lado a Comissão Confederal enfrenta a batalha da organização e sensibilidade dos companheiros para que auxiliem a vida do jornal, por outro verifica seus efeitos. O debate público e as duras críticas veiculadas a propósito do jornal, produzem o aquecimento dos debates nos meios operários quanto à necessidade de organizarem-se. Os números 12, 13 e 14 (junho/julho de 1909) divulgam a fundação de novos sindicatos e a reorganização de outros. Festas e novas listas de subscrição mobilizam recursos para a regularidade das publicações.

Renovam-se os pedidos de pagamento de assinaturas e de atualização de endereços, dado o grande número de jornais devolvidos pelo correio com a nota –"Não mora". Aparece pela primeira vez, no número 14 (julho/1909), nota: "Operários! Assinai *A Voz do Trabalhador*".

A edição de 22 de julho de 1909 traz artigo da redação intitulado Aos Censores. Nele responde a censuras que vem recebendo o jornal por deixar de publicar pequenas ocorrências e de terem má vontade com a edição de artigos de certos indivíduos ou coletividades. Defende-se a Comissão, recolocando os problemas que enfrentam. "Imitem-nos os amigos e censores, de tão má vontade como boa é a nossa, e verão em breve que belos frutos surgirão!". Recomendam aos que desejam publicações que as enviem, mesmo sendo apontamentos, pois muitos queixam-se por não saber escrever corretamente o português. Responde a redação que nem eles: "Guia-nos a prática; e só se aprende praticando".

O projeto de edição semanal, apesar de não se ter efetivado, é sustentado, divulgando-se, junto às notas de balancete e valor das assinaturas, a intenção de torná-lo semanal. Surgem pedidos para que se difunda *A Voz do Trabalhador*, criando então as condições necessárias à execução do projeto.

O número 17, de agosto de 1909, publica apelo aos leitores e amigos do jornal pedindo auxílio... "Temos enviado o jornal a todos os cantos do Brasil, onde sabemos existir um companheiro ou uma associação operária, e acreditávamos que a nossa boa vontade, divulgando assim por toda a parte o que aqui há no movimento operário, seria correspondida, embora que palidamente, mandando-nos simples notas do que vai por aí, o que a ninguém seria penoso. Não se dá isso porém; e nós sempre confiantes que o dia de amanhã será melhor que o de hoje, ficamos esperando, esperamos sempre até às vésperas de sair um novo número. Nada, sempre nada...".

A resistência ao envio de notícias sobre a organização das várias "classes", parece indicativa de diferenças de tendência existentes no movimento sindical. Trinta dias depois surge o número 18, desta vez, segundo a Comissão Confederal, o jornal foi suspenso mais por falta de organização do que por deficiência de meios pecuniários, apesar de suas condições econômicas serem insatisfatórias. A administração e a redação do jornal realizaram acordo "no sentido de que o jornal não torne a interromper a vida normal". Os pedidos de auxílio são renovados mais uma vez e estendidos agora a "todo o trabalhador que sinta vontade de ler e fazer este jornal" para que colaborem mandando informações e recursos.[11]

Rifas sem saída, assinaturas não pagas, endereços onde não se encontram os companheiros. Mais uma tentativa se faz. Novos esforços se realizam no sentido de conseguir adesão dos camaradas para que distribuam a rifa em benefício do jornal, ..."É preciso, para que o jornal continue a sair, que os companheiros nos

11 *A Voz do Trabalhador*. Ano II, Nº 18 (setembro/1909).

enviem com urgência os recursos pecuniários de que necessitamos...". A tentativa é em vão; A Voz se cala em dezembro de 1909.

Em janeiro de 1913, reaparece *A Voz do Trabalhador*, "eco vibrante de aspirações", "veículo da nossa revolta", "semeador que levará em todos os recantos onde houver um oprimido a seiva do sindicalismo para que ele o compreenda e possa preparar-se, organizar-se e dar combate ao seu opressor fazendo-o recuar, titubear e ao fim tombar, dando margem a uma vida nova e uma sociedade equitativa, sem amos e sem leis!".

O reaparecimento do jornal marca também a reorganização da Confederação. Com sede provisória, ambos reiniciam as atividades desenhadas no 1º Congresso Operário de 1906. Sua missão é organizar o operariado, distribuir a doutrina sindicalista baseada na ação direta, preparar a classe e solidificar, pela educação e pelo conhecimento prático da luta, o espírito de revolta incapaz de submissão; preparar os trabalhadores para a hora da "alforria final".

Envoltos num clima de perseguição e desterro, a tarefa de dar voz ao trabalhador de muitas pátrias e nenhuma se transforma numa necessidade vital. Dar combate ao opressor é a condição de sobrevivência física e moral e as armas estão na denúncia e na organização do corpo proletário; é preciso garantir a voz ao corpo, é preciso fazê-la ecoar pelo vasto território, é preciso fazer dela sentinela atento.

Um apelo inaugura o despertar da Voz: "a todos os operários e associações que lutam pelo bem estar da classe produtora, para que auxiliem na altura de suas posses *A Voz do Trabalhador*".[12]

---

12 Aqui Estamos. *A Voz do Trabalhador*. Ano II, Nº 22 (janeiro/1913 - 2ª Fase).

Desta vez, a Comissão que reorganiza a Confederação Operária considera a possibilidade da publicação d'*A Voz* para que seja distribuído gratuitamente pelo território, levantando as necessidades em estudo realizado que apontava, como mínimo, a contribuição sistemática de 50 associações confederadas com uma cota mínima fixa que garantisse a vida do periódico semanal. Esta proposta consta da segunda circular da COB, publicada na edição de número 22 (janeiro/1913). Os resultados obtidos em resposta revelam não ter havido a adesão da quantidade necessária de associações e assim, a distribuição gratuita é descartada.

Nessa nova fase tem início a publicação de artigos na forma de folhetins claramente destinados à formação do operariado: "Todos os centros de educação revolucionária, todos os sindicatos operários devem divulgá-lo em grande escala".[13] Às sociedades operárias é solicitado divulgar o mais possível *A Voz do Trabalhador*, informando a quantidade de exemplares a serem enviados. É feita larga distribuição desse primeiro número da segunda fase com a intenção de regularização das remessas. As formas de manutenção do jornal permanecem quase inalteradas, por listas de subscrição voluntária e pela venda de pacotes; as assinaturas no início desta segunda fase, são canceladas como forma de distribuição.

O projeto de edição semanal é adiado pela inexistência dos recursos. A redação comunica a publicação quinzenal, ao mesmo tempo em que demonstra os prejuízos para o órgão de propaganda editar-se tão esparsamente.

Pede-se o envio de notícias, "qualquer assunto referente ao movimento associativo, fatos que possam interessar a classe traba-

---

13 As nossas edições. *A Voz do Trabalhador*. Ano II, Nº 22 (janeiro/1913).

lhadora e deliberações de importância, tomadas em assembléias e outros assuntos que venham contribuir para a difusão de ideias que defende *A Voz do Trabalhador* e que servirem para orientar o operariado sobre a questão econômica e social tem franco acolhimento nestas colunas". Tem início a publicação de correspondências numa seção nomeada "Canhedo Associativo", onde são tratadas resumidamente as correspondências dirigidas à COB e à *A Voz do Trabalhador*.

A leitura do jornal e sua divulgação ganham nesta segunda fase uma importância diferencial e novas estratégias editoriais. Cada leitor transforma-se num semeador de ideais e a folha, em objeto carregado de potencial transformador; insistentemente aparecem os mesmos lembretes: "Ler e dar a outrem ler *A Voz do Trabalhador* é fazer propaganda, é semear para colher". Esse compromisso quase sagrado com a leitura é marcado ao longo do impresso, aparecendo de maneira súbita, à maneira do observador que se oculta para reaparecer enfático e de maneira inesperada, vigiando a leitura. Se antes apareciam quase como para preencher um espaço vazio, agora mostram-se em vários locais do jornal numa mesma edição.

A preocupação com a leitura torna-se claramente expressa no pedido aos que recebem o jornal e não o queiram, para que façam sua devolução. Ele é mais que o esforço de alguns companheiros e organizações; é voz preciosa guardada nos impressos, espaços solidariamente distribuídos.

Organizam-se festas de propaganda em benefício do jornal e da publicação de folhetos. Teatro, poesia, conferências e outras manifestações reúnem os semeadores em torno da manutenção de sua obra. "*A Voz do Trabalhador* necessita e deve ter, dentro do mais breve tempo possível, uma larga e profusa circulação por todos os recantos deste vasto Brasil". Assim a Comissão Confederal abre a edição de número 24 de fevereiro de 1913, apontando a necessidade urgente de romper com o isolamento dos operários, estabelecendo estreitas, contínuas e repetidas relações entre os trabalhadores do país. A Voz é o veículo das relações entre os operários por aí espalhados, o traço de união entre os diferentes núcleos existentes. Suas colunas tornam possível "ouvir o eco doloroso das lamentações dos que sofrem (...), os gritos de dor dos escravos de nova espécie que morrem de pancada, de peste e de fome pelos cafezais e pelos seringais do norte; os ais de desespero dos homens que vivem como formigões a cavar pelas entranhas da terra o ouro para os regabofes dos cezares da atualidade".[14]

Como porta voz dessa falange, deve poder alcançar todos os espaços como mensageiro solicito e fiel – "que cada qual faça o que puder no círculo de suas relações, propagando e distribuindo o jornal e dentro de pouco tempo tê-lo-emos a altura das necessidades que lhe cabem preencher".[15]

A preocupação com a divulgação do jornal e com os auxílios necessários, fazem com que a Comissão reabra as assinaturas e possibilite a remessa de pacotes com número reduzido de jornais para facilitar a aquisição. Apelam para que as organizações informem o número de exemplares que têm a possibilidade de distribuir, para que regularizem a remessa.

O endereço para correspondência é publicado em vários idiomas, num claro esforço de arregimentação do operariado estrangeiro. Orienta a remessa de dinheiro de fora da capital para

14 *A Voz do Trabalhador*. Ano VI, Nº 24 (fevereiro/1913).

15 *Idem*.

que seja enviada por vale postal ou carta registrada, com o valor declarado em nome de João Leuenroth.

As listas de subscrição para colaborações espontâneas em nome do jornal constituem-se em estratégia utilizada sempre que o déficit aumenta. No entanto, o recolhimento delas e as correspondentes quantias ocorrem vagarosamente, exigindo da comissão constantes lembretes e pedidos aos que possuem listas de subscrição em favor do jornal que as devolvam o mais breve possível e que as sociedades confederadas que votaram auxílios para *A Voz do Trabalhador* enviem suas cotas para que possam cobrir as despesas indispensáveis. A posterior publicação das listas revela que os colaboradores são quase sempre os mesmos, incluindo a comissão de redação.

A estratégia de busca de recursos nesta segunda fase inicia-se de maneira a tornar os pedidos de auxílio secundários diante da importância de divulgação e vida do próprio jornal. Aparecem discretamente, ao final dos artigos ou distribuídos pelo impresso na forma de lembretes.

Muitas matérias chegam até a Comissão que se afastam do programa do jornal, ou seja, ficam retidas na "censura" da Comissão editorial que resolve então publicar as bases da Confederação relativa ao jornal na intenção de que a censura seja mesmo anterior ao envio das matérias.

Reforçam-se os pedidos de informação sobre o recebimento de pacotes d'*A Voz do Trabalhador* para que se regularize a remessa do jornal. Ao mesmo tempo, são chamadas as sociedades operárias, que se comprometeram a ajudar o jornal, para que o façam o mais breve possível, pois já existe um déficit. O mesmo ocorre com aqueles que possuam listas de subscrição.

O tom cavalheiresco das cobranças, bem como a estratégia discreta utilizada nos primeiros números da segunda fase,[16] tende, a partir da edição de número 27, a tornar-se menos discreta: "Lembramos a todas as sociedades confederadas que devem fazer as entradas de suas respectivas cotas (...) Ao mesmo tempo avisamos aquelas que estão em atraso com as cotas para a manutenção d'A Voz que no-las enviem, pois o jornal luta com dificuldades".[17]

Em março de 1913 o lembrete encontra-se de forma destacada na primeira página do jornal e é novamente editado no número seguinte, seguido de artigo intitulado "Será Possível?"

Trata-se do exame da possibilidade de publicação semanal d'A Voz, pois a Comissão é forçada, pelo excesso de originais, a preterir alguns de urgente publicação. Se a folha fosse semanal, a propaganda de organização e orientação teria melhores efeitos. O problema encontra-se na mobilização de recursos que tornem a ideia uma realidade. "Será possível tentar?".

Preterindo matérias por falta de espaço, renovando os pedidos de auxílio, *A Voz do Trabalhador* chega ao 1º de maio de 1913 com a publicação de um número especial.

> Olhar perdido além, num horizonte vago,
> Num sonho em que se vê o mundo comunista,
> Ou se lembram talvez os mortos de Chicago!
>
> (Max dos Vasconcelos)

---

16 De janeiro a março de 1913 a comissão editorial investe na propaganda do jornal, tendo extremo cuidado com as cobranças, pois o jornal havia deixado de editar-se por 3 anos (de dezembro de 1909 a dezembro de 1912) e fazia-se necessário rearticular seus leitores. Mas, as dificuldades de manutenção do jornal por falta de recursos se sobrepõem ao esforço de uma distribuição menos fiscalizada no que diz respeito ao pagamento.

17 As Sociedades Confederadas. *A Voz do Trabalhador*. Ano VI, Nº 27 (março/1913).

Enfeita o verso a figura de homem. Grilhões partidos, braços a abraçar o sol da liberdade. Assim como a figura do sol posta no horizonte, a Comissão declara o sacrifício feito para a publicação do número especial. A gravura, o papel, o número de páginas, a poesia, não foram levadas a efeito com boa vontade apenas ... "é, muito principalmente, com dinheiro" que eles se transformam em realidade. É feito um apelo a todos que se interessam pela publicação d'*A Voz do Trabalhador* que auxiliem nas despesas extraordinárias desse número.

Um aviso é dado às associações e companheiros que não cumpriram seus compromissos com *A Voz* para o fazerem, caso contrário, a comissão seria forçada a suspender o envio. A ameaça se concretiza com o corte da remessa aos que não efetuaram o pagamento ou que não acusaram o recebimento, "pois o jornal vive exclusivamente do auxílio dos camaradas conscientes, não tendo verbas reservadas para utopias".[18]

A tensão existente entre dar voz aos trabalhadores, tornando possível a publicação do jornal e as efetivas condições materiais para as edições, é sempre presente e contraditória com os ideais de solidariedade esperados da organização operária.

As insistentes orientações sobre o envio de dinheiro para a redação se esclarecem em comunicado publicado em junho de 1913 (Nº 32). As remessas financeiras em nome do jornal ou da Confederação não podiam ser resgatadas, pois "... os senhores do correio não reconhecem a Confederação por não ter um presidente e estatutos registrados (?), deixando de pagar essas quantias". As devoluções dos vales endereçados ao jornal ou à Confederação contribuíam para alongar a sufocante situação d'*A Voz*.

---

18 Comunicações. *A Voz do Trabalhador*. Ano VI, Nº 32 (junho/1913).

Por um lado, a ausência de recursos impedia ao jornal os espaços a ele necessários para o cumprimento da tarefa de "sentinela" e defensor do proletariado. Por outro, a ausência de espaços determina as dificuldades para a obtenção do dinheiro necessário à continuidade, agravados pelo fato de não terem existência reconhecida (o jornal e a confederação) oficialmente.

A tarefa de censura e controle da Comissão resultava também em censura e controle por parte dos leitores e colaboradores. "Bem sabemos nós que não podemos contentar a todos, não podemos pel*a Voz do Trabalhador*, de maneira alguma, devido à estreiteza de espaço e à sua publicação ainda quinzenal, darmos guarida a tempo e à hora a todos os colaboradores"...

Responde a Comissão aos reclamos do Sr. Garrido, que os censurou na coluna operária do jornal *A Época*, por ter tido seu texto degolado em alguns parágrafos e corrigidos outros. "Ora, *A Voz do Trabalhador* dispõe de pouco espaço e não pode dar guarida a divagações. Até já nos habituamos a dizer muito em poucas palavras, por esse mesmíssimo motivo: a falta de espaço".[19]

Entre cobranças, textos degolados e explicações, surgem ações isoladas que dão novo ânimo *A Voz*. Em 7 de junho de 1913, o Sindicato dos Operários das Pedreiras (RJ) aprovou em assembléia uma proposta de propaganda na classe que incluía em seu artigo 3º: "Distribuir *A Voz do Trabalhador* pelas pedreiras existentes nas proximidades desta capital, bem como também manifestos e avisos", publicado na edição de Nº 35 de julho de 1913.

Romper a fuzilaria cerrada contra o insustentável castelo onde se aninham os exploradores. Eis o destino d'*A Voz do*

---

19 Cecilio Vilar. Antes Cedo... *A Voz do Trabalhador*. Ano VI, Nº 35 (julho/1913).

Trabalhador. Para que se alimente a Voz é preciso um organismo forte, alimento prestado pelas classes obreiras, para que ela chegue a todos os ouvidos... "Portanto, nós, os que tudo fazemos e nada possuímos, não devemos regatear todos os esforços necessários a sua manutenção, para levarmos avante esse ideal de justiça que nos está reservado".[20] Em defesa do jornal, aparecem, também, fervorosos apoiadores.

Em setembro de 1913, a redação d'*A Voz do Trabalhador* é instalada em nova sede, juntamente com as secretarias da COB, da Federação Operária do Rio e vários sindicatos federados, bem como a biblioteca da FORJ (Federação Operária do Rio de Janeiro).

Por ocasião da realização do 2º Congresso Operário Brasileiro,[21] *A Voz do Trabalhador* dedica o número 39-40 às notícias do congresso, em edição especial, contendo fotos dos congressistas na capa de papel couché. Lança sinete confederal, espécie de chancela que se fará reproduzir nas demais edições do jornal e marcar os documentos das sociedades confederadas. A marca da união dos trabalhadores grava um aperto de mãos sem fronteiras, por sobre o globo terrestre. Bem-Estar e Liberdade são suas palavras de ordem.

As resoluções do 2º Congresso, no décimo tema trata das questões referentes à conveniência da disseminação da imprensa operária. "Considerando que se acham confederados no Brasil mais de 50.000 operários e que mais da metade desses operários

---

20 Antonio de Oliveira. *A Voz do Trabalhador*. Ano VI, Nº 36 (agosto/1913).

21 Realizado nos dias 8 a 13 de setembro de 1913, com a participação de 117 delegados e dos jornais: O Trabalho, de Passo Fundo; Jerminal! e A Lanterna (SP); e *A Voz do Trabalhador* (RJ), com um representante de cada jornal e representantes do proletariado da Argentina e Uruguai.

assinam ou compram jornais diários; o 2º Congresso aconselha a Confederação Operária Brasileira a entrar em relações com todas as agremiações operárias do país, afim de abrirem listas de assinaturas no sentido de certificar-se do número de companheiros que poderão contribuir para a manutenção dum jornal diário. E se esse número preencher a expectativa, a COB ficará encarregada de estudar os meios de dar ao operariado um diário que, satisfazendo a curiosidade de cada um dos seus leitores, satisfaça também as necessidades da propaganda".[22]

Esse jornal diário seria, nas moções apresentadas, *A Voz do Trabalhador*. Fica ainda aprovada a indicação do 2º Congresso quanto a "todas as sociedades e sindicatos operários e aos trabalhadores em geral a criarem em todas as cidades, vilas ou lugarejos jornais de propaganda integralmente emancipadora e a auxiliarem os já existentes e os que venham a existir, realizando a grande obra sintetizada no espírito dessa moção" O sinete confederal é posto à venda e a primeira página d'*A Voz do Trabalhador*, impressa com as fotos do Congresso, seria vendida em benefício do jornal.

Um pedido de atenção retorna às páginas da edição de número 42 em novembro de 1913. O déficit d'A Voz traz o apelo a todos os camaradas e coletividades que se interessam pela propaganda ... "o burguês não fia (...) a *Voz* não é subvencionada pelo tesouro"... Faz-se lembrar que muitas sociedades recebem o jornal e que desde seu início não se lembraram de auxiliá-lo. "Enviem o que puderem enquanto é tempo"...

22 Décimo Tema - Resoluções do 2º Congresso "Conveniência da disseminação da imprensa operária". *A Voz do Trabalhador*. Ano VI, Nº 39-40 (outubro/1913).

A sétima circular da COB dirigida às sociedades confederadas, comunica a intenção de publicar *A Voz do Trabalhador* semanalmente, tornando-o mais sucinto nos informes sobre todo o movimento em prol da organização das classes operárias. Pede a todos que se manifestem, pois os recursos para tal empreita dependem das organizações. "Todo o auxílio, por mínimo que seja à *Voz do Trabalhador,* é contribuição inestimável e garantidora de êxito ao nosso corpo".[23]

Divulgar *A Voz do Trabalhador* se coloca como necessidade de propaganda e de continuidade de vida. São publicadas as condições de assinaturas locais em outros Estados. Em São Paulo, *A Voz* é encontrado à venda no Largo da Sé, nº 5, engraxate; em Maceió, na rua do Comércio; no Rio, no Largo do Rosário e no Café Criterium, engraxate; na rua Marechal Floriano, esquina da Avenida Passos, engraxate.[24] As respostas à sétima circular da COB chegam vagarosamente e urgente é a necessidade de propaganda.

Esquecer ... "Operários – Depois de lerdes *A Voz,* deixai-a no trem, no bonde, no café ou na barbearia, para que outros leiam. É a melhor maneira de difundir o jornal". Na impossibilidade de maior tiragem, há a possibilidade de o impresso transformar-se num bem coletivo para leitura intensiva, passado de mão a mão, oferecendo-se a leitura de um público cada vez mais inesperado. Os apelos se renovam a cada edição. Um pouco de boa vontade, um pouco mais para que a publicação não seja suspensa.

Em janeiro de 1914, o jornal traz em lugar de destaque o título "Aos que não pagam". Após os últimos apelos de auxílio, a Comissão explode sua ira e publica: "Não fomos atendidos, o que

---

23 Expediente-COB. *A Voz do Trabalhador*. Ano VI, Nº 43 (novembro/1913).

24 Expediente-COB. *A Voz do Trabalhador*. Ano VI, Nº 44 (dezembro/1913).

só podemos atribuir à manifesta má vontade daqueles que gostam de acompanhar o movimento social à custa dos esforços e sacrifícios alheios. Avisamo-lhes, pois, que este é o último número que lhes será enviado".[25]

Um ano se completa após o reinicio da publicação d'*A Voz do Trabalhador*. Os doze meses de "vicissitudes e contrariedades" são rememorados silenciosamente em artigo que, presumivelmente, seria para comemorar esse renascimento. A imprensa operária, feita por operários, "redigida por gente nossa, em linguagem que qualquer um de nós pode entender" é defendida. Esse jornal, feito nas poucas horas de descanso das fadigas do trabalho cotidiano, é a causa. "A causa pela qual batalhamos é de todos nós operários; sejam igualmente de todos nós os esforços e os sacrifícios que a luta acarretar".

A palavra escrita e sua força na distribuição de ideias são reconhecidas e o jornal é considerado o melhor veículo das ideias de transformação social. Após o 2º Congresso e suas principais deliberações quanto à necessidade imprescindível da manutenção de jornais e criação de outros, verifica-se o nascimento de vários deles.

Mas a situação d'A Voz pouco se altera. Pagamentos em atraso, ameaça de suspensão da publicação e novamente apelos. "Prevenimos com antecedência a fim de evitar que os camaradas fiquem privados da leitura desse baluarte (...) o jornal (...) vive do auxílio dos camaradas e das associações operárias e não da verba, parafusos e pregos da Central do Brasil".

Em março de 1914, surge nova tentativa de sensibilizar o operariado para a publicação semanal d'*A Voz*. Argumenta-se que

25 Aos que não pagam. *A Voz do Trabalhador*. Ano VII, Nº 46 (março/1914).

se antes o projeto de publicação semanal tinha por objetivo intensificar a propaganda para despertar o proletariado, soma-se a ele outro, o do "maior movimento associativo que constantemente reclama a tribuna do periódico (...) muitas notas, correspondência e informações de nossa organização ficam atrasadas, sem vir à luz com oportunidade".[26]

Não havendo espaço para tudo que há de importante, quando se publica já é tarde, ocorrendo frequentes reclamações dos colaboradores, além de um entendimento que supõe má vontade por parte da Comissão encarregada da publicação do periódico.

O problema localiza-se de forma crônica nos recursos inexistentes para fazer da folha um periódico semanal. Aos que estão em débito, pede-se para que quitem suas dívidas e a todos para que angariem fundos, donativos e novos assinantes. Pede-se a manifestação de todos com brevidade. Os balancetes apontam o déficit da folha e a edição de abril de 1914 comunica que o próximo número sairá em maio.

O estado de sítio interrompe a publicação d'*A Voz do Trabalhador* e, por um período de 3 meses, o periódico torna-se mensal e sujeito à censura da polícia para poder publicar-se. Os recursos escasseiam e a edição do 1º de maio de 1914 faz-se com extrema dificuldade. Em sessão ordinária da Comissão Confederal, a 5 de maio de 1914, João Leurenroth expõe a situação em que se encontra a Confederação, "quase na impossibilidade de continuar a sua propaganda devido à falta de recursos monetários, tão escassos depois dos recentes movimentos políticos em que está passando o país".[27]

26 *A Voz do Trabalhador*. Ano VII, Nº 50 (março/1914).

27 Expediente. *A Voz do Trabalhador*. Ano VII, Nº 55 (maio/1914).

A Comissão decide enviar circular a todas as associações confederadas, expondo claramente os motivos dessa crise. Aos amigos d'*A Voz*, é dedicado um artigo com a mesma função, onde reafirma-se que é necessário mantê-la ainda que pobre ... "Como, pois, deixá-la esvair-se? Como, pois, abandoná-la? Não, camaradas, isto não é possível. É preciso que ela viva, custe o que custar. O fato porém, é que ela se vai esvaindo... Reflitamos: *A Voz do Trabalhador* é feita numa tipografia burguesa. É feita com dinheiro. Só sai da tipografia mediante pagamento."

Em meio à falta de trabalho, a crise da guerra, tenta-se extrair do operariado mais um pouco do esforço de cada um para manter viva *A Voz*.

A Comissão editorial expõe sua situação de voluntários que trabalham de graça e até sacrificam a saúde para cumprirem o que supõem ser um dever. As dificuldades crescem dia-a-dia ... "Se não houver uma ajuda imediata, uma reação pronta contra o mal, ver-nos-emos obrigados a parar o que seria a maior das vergonhas. Abri subscrições, organizai tômbolas e festas; enviai o vosso auxílio individual. Fazei-o já e já sem perda de tempo. Salvemos o nosso jornal. Isto deve ser uma questão de dignidade para os trabalhadores conscientes do Brasil."[28]

Em junho, o déficit se duplica e o centro da primeira página da edição de número 56 expressa o apelo: Salvemos a nossa "Voz". Um pedido desesperado e o desabafo de João Leuenroth marcam o limite dos esforços solitários realizados cotidianamente.

> ...Não nos podemos resignar vendo *A Voz do Trabalhador* esvair-se. Seria um desastre. Ela, mais

28 Aos Nossos Amigos. *A Voz do Trabalhador*. Ano VII, Nº 55 (maio/1914).

> que as correspondências, é o laço de união entre todas as organizações sindicalistas do Brasil. Ela é a tribuna comum de todos os trabalhadores do país. Por ela os operários de cada localidade põem-se ao par do que se passa nas localidades mais longínquas... levando, de rincão a rincão, o seu protesto e a sua solidariedade, o seu conselho e a sua experiência, irmanando, pelo protesto, pela solidariedade, pelo conselho e pela experiência, todos os que de leste a oeste e de norte a sul, se sentem vítimas do capitalismo voraz e se esforçam por da tutela deste emancipa-se...

Na ajuda de todos está a salvação. "Nós ficamos à vossa espera".[29] As verdades ditas por João Leuenroth nada mais são que a indignação daquele que, por 17 meses, gerenciou solidariamente os recursos do jornal tornando-o materialmente possível.

> ... Podeis estar tranquilos porque tão cedo não teremos um jornal que preencha o vácuo que o desaparecimento d'*A Voz do Trabalhador* deixará no seio operário, e então, sentireis a falta cometida pelo vosso indiferentismo (...) Se *A Voz do Trabalhador* fosse um jornal que se envolvesse em política e desse palpites para o jogo do bicho, teria se imposto à estima pública, e não se veria agora ameaçada de desaparecer da arena em que tanto se tem batido pela causa operária...[30]

Listas de subscrição são abertas, toda contribuição será aceita e a Comissão editorial decide sustentar *A Voz* "custe o que

29 Salvemos a Nossa Voz. *A Voz do Trabalhador*. Ano VII, Nº 56 (junho/1914).

30 João Leuenroth. Verdades. *A Voz do Trabalhador*. Ano VII, Nº 56 (junho/1914).

custar". Em julho, organiza-se uma festa para combater o déficit da *Voz* e chegam algumas respostas aos apelos feitos. Iniciativas locais, palavras animadoras, auxílios. Os gritos foram ouvidos. Esclarece a Comissão que a tipografia onde o jornal é composto pertence a uma empresa comercial. "Imprimem o jornal, se lhe pagamos à risca; se não temos dinheiro, é inútil – não temos também jornal. A empresa não quer saber se somos bons ou maus, honestos ou velhacos, revolucionários ou não. Quer saber é disto: que compõe e imprime um jornal nosso, e que só o faz mediante pagamento regular, inadiável e completo."[31]

Com o recebimento de parte das listas, a guerra ao déficit continua. Regularizar as contribuições, divulgar o jornal por todas os meios, angariando leitores e assinantes é o dever que se coloca para cada militante. A vida d'*A Voz do Trabalhador* depende do esforço de todos que a lêem.

Os originais se acumulam, o déficit aumenta; a edição de agosto de 1914 traz um pedido aos colaboradores para que tornem seus artigos "leves, fugindo as considerações por demais incongruentes, que não só fatigam os leitores, como roubam um grande espaço nas pequenas colunas do jornal".[32] Gerenciar a edição de tantos originais, em meio à crise de recursos, caracterizou-se um tipo de intervenção da comissão de redação, que cada vez mais mostra a tensão entre os ideais e valores defendidos pela classe e as condições concretas para a edição do jornal, tornando a discussão do problema cada vez mais direta.

---

31 Combate ao Déficit da "Voz". *A Voz do Trabalhador*. Ano VII, Nº 58 (julho/1914)

32 Aos Nossos Colaboradores. *A Voz do Trabalhador*. Ano VII, Nº 61 (agosto/1914).

> ...É preciso dizer, redizer e tredizer: *A Voz do Trabalhador* vive única e exclusivamente do auxílio dos seus leitores – do produto das suas assinaturas, das contribuições sindicais e pessoais, da venda de pacotes e de avulsos (...) e o déficit recomeça a crescer!(...)
>
> Compreendam ainda os camaradas: o déficit quando existe, não pesa no bolso do capitalista proprietário da tipografia onde é feita a folha – pesa sobre três ou quatro que se sacrificam mais do que podem e que se vêem obrigados a fazer prodígios de habilidade, isso não é gabodice da nossa parte. Não: é um protesto! Porque não nascemos para mártires e não queremos ser mártires. Temos simplesmente esta força: boa vontade, que é coisa que todos podem ter e bem poucos querem ter (...) Mas nós somos, além de tudo, extremamente pacientes: continuamos a esperar, pois...[33]

As listas de subscrição extraordinárias, abertas para cobrir o déficit, são parcialmente atendidas; no entanto, no mesmo período, a contribuição regular e ordinária deixa de ser feita, fato que alimenta o crescimento do déficit. Em outubro de 1914, publica-se um exame matemático do déficit acumulado desde as edições de 1913, com um cálculo médio do déficit por publicação. Exibe-se a situação, demonstrando de onde surge o déficit, chegando-se aos seguintes dados: Pacotes – 23 associações ou pessoas que recebem pacotes num total de 420 exemplares e que não pagam; Assinaturas – 117 associações ou pessoas (com assinatura para 24 edições) que não pagam. O total mensal devido e não pago supera o déficit médio das publicações mensais, ou seja, se o pagamen-

33 *A Voz do Trabalhador*. Ano VII, Nº 61 (agosto/1914).

to fosse realizado com regularidade, haveria mesmo um superávit para amortizar a dívida do jornal.

Após a demonstração inequívoca da possibilidade de sustentação das publicações, desde que executados os pagamentos, a comissão recoloca a questão: "Resta agora – é preciso repetir mais uma vez? (...) – resta agora que se mexam os que devem, os que querem e os que julgam necessário mexer-se. Nós... continuaremos à espera (...) – e enquanto isso a *A Voz do Trabalhador* irá aparecendo conforme for a vontade daqueles de quem ela depende".[34]

Na edição de nº 64, a comissão publica matéria comentando uma correspondência recebida de camarada da Liga Federal dos Empregados em Padarias. Ele sugere, como explicação para a crise do jornal, que ela se deve por ser, *A Voz do Trabalhador*, um periódico... "escrito por meia dúzia apenas de camaradas (...) sendo que os demais se dirigem para as colunas da Época...".[35] A comissão argumenta que essa não é a causa da crise e sim a... "indolência da maioria daqueles que têm mais ou menos obrigação de contribuir...". Retoma as questões demonstradas em matéria anterior, onde fica patente o problema do não pagamento.

Outro elemento explicativo da crise, segundo o colaborador da Liga Federal, é o de que deveria haver mais "transcrições de artigos publicados na 'Coluna Operária' da *Época*", ao que a comissão responde não residir também aí o problema, e argu-

34 *A Voz do Trabalhador*. Ano VII, Nº 63 (outubro/1914)

35 O jornal A Época possuía uma coluna operária, da qual o socialista Mariano Garcia era o articulista. Encontramos no jornal *A Voz do Trabalhador*, uma série de debates e comentários realizados a partir das publicações do jornal A Época que, segundo os indícios encontrados, polarizava os leitores operários entre as duas tendências: a anarquista, típica de *A Voz do Trabalhador*, e a socialista partidária da Coluna Operária.

menta: "Nós achamos até que A Voz publica já artigos demais, mesmo daquela meia dúzia a que se refere o missivista. Se ela é incompleta e imperfeita, não é por esse lado – é–o sim na parte propriamente documentária, de informações, de dados, de fatos, de notas precisas e metódicas do movimento sindical no Brasil e no exterior. E não o é por culpa nossa. Tendo que atender as coisas de urgência capital, esse trabalho de organização e distribuição tem necessariamente sofrido".[36]

Em dezembro de 1914, trinta dias após a última edição, a comissão publica matéria intitulada "*A Voz do Trabalhador*. Salvemo-la!". Trata-se de um colaborador criticando os camaradas e associações por abandonarem a Voz, "desviando para o jornal burguês a cota diária, e deixando que uma pequena fração de abnegados companheiros esgotem sua energias na manutenção de um jornal que não teve e jamais terá outra missão que não seja batalhar incessantemente em prol da organização e unificação do operariado brasileiro...".

Em defesa do jornal, o colaborador apela:

> ...A não ser um pequeno número de companheiros e uma reduzidíssima parte de associações, todas as demais têm negado miseravelmente o seu concurso a um periódico genuinamente proletário, campo aberto a todas as ideias, a começar do monarquista mais ferrenho ao anarquista mais avançado (...) Depois desta explicação, mais clara, o que nos resta? Se é que não perdemos de todo a esperança, se ainda não adormeceu de todo a esperança, se ainda não adormeceu de todo o sangue que corre nas nossas veias

36 *A Voz do Trabalhador*. Ano VII, Nº 64 (novembro/1914)

> – cabe a todos, pessoas e associações espalhadas por este imenso e escravizado Brasil, concorrem na medida de suas forças para que o jornal tenha vida... se o não fizermos, continuando nesta pasmaceira e indiferentes aos problemas que nos dizem respeito, resta-nos um único caminho (...) suicidar-nos.[37]

O terceiro ano de publicação da segunda fase ocorre em janeiro de 1915, com o número 66, e as edições são agora mensais e acumuladoras de déficit. A comissão editorial espera silenciosamente. Em março, responde a pedido dos camaradas da Federação Operária de Pelotas que sugerem que a comissão se comunique com as demais associações confederadas, a fim de que *A Voz do Trabalhador* publique uma edição especial para o 1º de maio. A comissão coloca a sugestão para apreciação das associações destacando: ..."Mas há uma dificuldade (...) um número especial com maior número de páginas e maior tiragem, custa mais caro, evidentemente. Estão os camaradas dispostos a entrar com o cobre necessário?..."[38]

Os recursos para a edição vêm de Pelotas e do Recife; no entanto, são insuficientes para um número especial, permitindo a edição comum. Num dos últimos suspiros, a edição de abril publica "Guerra ao déficit – Aos camaradas e às associações". Renova, aqui, os pedidos de auxílio e a importância da organização.[39]

A edição de maio renova, timidamente, os pedidos "aos que estão em débito com o jornal que procurem solver o seu compro-

---

37 Luis Antonio Lourenço. *A Voz do Trabalhador* – Salvemo-la!. *A Voz do Trabalhador*. Ano VII, Nº 65 (16/11/1914)

38 Primeiro de Maio. *A Voz do Trabalhador*. Ano VIII, Nº 68 (março/1915).

39 Luis Antonio Lourenço. Guerra ao Déficit. *A Voz do Trabalhador*. Ano VIII, Nº 69 (abril/1915).

misso. E a todos: um esforço mais, mais um pouco de boa vontade". O fim se anuncia na pergunta da própria comissão: "Ou havemos de assistir ao desaparecimento do jornal depois de mais de dois anos de luta insana?"[40]

Algumas iniciativas de ajuda aparecem isoladamente, como a do chapeleiro J. Sarmiento que oferece 20% do custo dos consertos e reformas que fará para combater o déficit de publicações operárias. Destinará 15% para *A Voz do Trabalhador* e 5% para *A Vida*.[41]

Quase que de forma irônica, a última edição da *Voz* publica carta recebida do Grupo Emancipação dos Padeiros, anunciando a suspensão da publicação de seu jornal, *A Voz do Padeiro*, periódico que atingiu dezesseis edições:

> ... Fizemos o quanto nos fora possível para que ela continuasse a espalhar luz tão necessária aos que trabalham na nossa classe, mas a situação financeira tornou-se tal que nos vimos na contingência de interromper a sua publicação temporariamente, prometendo voltar quando a maioria dos nossos companheiros sentir a falta e se resolver a mantê-la, porque é preciso que se saiba, o benefício é geral, e razoável é que os mesmos cooperem na medida de suas forças ...[42]

O Grupo responsável pela edição do jornal *A Voz do Padeiro*, tendo em vista sua interrupção, decide enviar a seus assinantes o

40 *A Voz do Trabalhador*. Ano VIII, Nº 70 (maio/1915).

41 Em benefício das nossas publicações. *A Voz do Trabalhador*. Ano VIII, Nº 70 (maio/1915).

42 *A Voz do Padeiro*. Suspensão D'A Voz do Padeiro. Grupo Emancipação dos Padeiros. *A Voz do Trabalhador*. Ano VIII, Nº 71 (junho/1915).

jornal *A Voz do Trabalhador*. O "saldo" ainda existente daquela publicação, será doado para auxiliar as publicações d'*A Voz*, onde será criada uma seção permanente para a classe.

> Recebi tua carta de 13 e de tudo ficamos cientes. Suspenso o nosso baluarte; no entanto, peço recomendes à classe *A Voz do Trabalhador*, até ao reaparecimento do nosso paladino. Se algum auxílio tiverem obtido podem mandá-lo que será entregue à *A Voz do Trabalhador*, onde a começar de junho, temos uma secção para a nossa classe, gentilmente cedida.[43]

Essa correspondência é o único indício de que o último número editado, na verdade, não o seria fossem outras as condições materiais. *A Voz do Trabalhador* não mais se editaria, encerrando assim...

O peso relativo dos textos

É chegado o momento de pensar os textos em sua materialidade, como testemunhos do tempo e, através deles, ingressar numa torrente de acontecimentos narrados e agenciados por sujeitos que demarcam e conformam a luta pela hegemonia em torno da organização operária.

Nosso esforço pretende menos um exame do conteúdo deste corpus de textos e mais a percepção de sua contiguidade, ocorrência, aparecimento, as formas de retorno do que já foi dito; os debates que suscita e as práticas decorrentes da tensão existente entre os ideais e a organização efetiva.

---

43 *Idem* – Correspondências. *A Voz do Trabalhador*. Ano VIII, Nº 71 (junho/1915).

No conjunto dos textos, bem como na partilha de suas condições materiais de edição já esboçadas nesse capítulo, buscaremos tornar relevante os cenários que se compõem relativamente ao arranjo destes mesmos textos, compreender o quadro geral sobre o qual as mensagens operam e geram sentido novo.

O jornal *A Voz do Trabalhador* servirá de suporte material para o entrecruzamento de projetos individuais e de organizações que vão refletir o estado de mobilização da nascente classe operária enquanto tal. Articulado à Confederação Operária Brasileira, realiza a tarefa de constituir-se como um jornal nacional, aglutinador dos esforços e orientador da luta operária.

Para além da defesa de uma ou várias categorias profissionais, o projeto de organização operária da Confederação Operária Brasileira, durante o período de existência do jornal, é o de alcançar, através da organização dos operários em sindicatos, a revolução social. O primeiro Congresso Operário Brasileiro, realizado em 1906, contou com a disputa entre duas ideologias presentes entre o operariado, fazendo-se chocar duas forças principais: os sindicalistas revolucionários e os socialistas. Os primeiros venceram no Congresso e aprovaram a resolução que criava a Confederação Operária Brasileira.[44]

Os anarquistas entendiam que a revolução social não é uma simples revolução política, uma questão de tomada do poder para mudar-lhe a forma ou decretar, de cima, reformas salvadoras; não queriam emancipar o povo, queriam que ele se emancipasse.

---

44 Sobre as resoluções do primeiro Congresso ver: *A Voz do Trabalhador*. Ano VII, Nº 48; KOVAL, Boris. História do Proletariado Brasileiro. p. 104-110 e *Revista do Centro de Estudos Sociais* - Editora UEG SEIP. nº 16, 1963. Ver ainda: "*A Voz do Trabalhador*". *A Voz do Trabalhador*. Ano I, Nº1.

Dessa forma, e sendo esse o escopo do projeto, cabia ao jornal a tarefa de educar o homem novo, livre dos preconceitos plantados pela religião; livre das sombras da caverna, mantidas com a ignorância e ausência de contato com os saberes das ciências. Livres de sentimentos patrióticos que serviam apenas para alimentar o fratricídio entre os povos em favor dos interesses particulares de uns poucos. Para isso, porém, era preciso denunciar a escravidão moderna, era preciso indignar os indignados por sua própria condição de vida, era preciso açoitar a consciência dos explorados e ampliar o que se refletia no espelho de suas vidas. Era preciso que o trabalhador se visse e irmanasse, se unisse a seus iguais pela solidariedade e superação dos atavismos que lhe enfraqueciam o poder da revolta.

O jornal é marcadamente carregado de valores anarquistas, configurando-se como tendência dominante, mas não exclusiva. O exame dos textos e a determinação de seu peso relativo revelam uma dinâmica de gerência das diferenças no interior do jornal que conduzem ao entendimento de um "ser e fazer anarquista", ligado às ações e sentimentos, capaz de fundir elevados ideais de solidariedade a uma incansável vigília aos posicionamentos contrários presentes.

O jornal constituiu-se em espaço de debate ao mesmo tempo em que instaurou, de maneira sistemática, o contato dos leitores com temas relevantes para a formação do proletariado emancipado. Um teatro de posições configura lugares de disputa, agenciados sempre pela ótica norteadora dos princípios estabelecidos no primeiro Congresso. A partir deles se define a seleção de temas e a alocação dos espaços.

Uma das principais questões discutidas nos dois Congressos Operários Brasileiros (1906 e 1913) é a de se os sindicatos e Federações devem ou não declarar princípios filosóficos. Nos dois grandes encontros define-se como prioridade promover a união dos trabalhadores e a defesa de seus interesses morais, materiais, econômicos e profissionais, estreitar laços de solidariedade entre o proletariado organizado, buscando a coesão de esforços, e defender em público suas reivindicações, propagandeando os meios de sua emancipação, não devendo-se, portanto, optar por princípios que só fariam dividir o operariado.

Apesar do intenso debate em torno da questão, estes se farão presentes nas formas de luta encaminhadas e defendidas como legítimas em cada tempo. Resultará do embate uma série de contendas que farão afrontar-se, através do jornal, as posições: revolucionária, dos anarquistas e anarco-sindicalistas, e reformista, dos socialistas engajados na luta política partidária. Tematiza-se a ação dos militantes e se constrói uma representação do papel dos anarquistas no sindicato como forma de enfrentamento do debate.

Em artigo intitulado "O Anarquismo no Sindicato", Neno Vasco, após várias considerações sobre o problema, afirma que o papel dos anarquistas nos sindicatos deve ser o de força atuante e propulsora da organização, acompanhando o operariado em suas reivindicações e procurando alargá-las, apontando-lhe sempre o objetivo anarquista e mostrando a necessidade da revolução social. "Procurar, em suma, que anarquistas sejam, não os estatutos, mas os operários, se não nas ideias, ao menos nos atos".[45]

45 Neno Vasco. O Anarquismo no Sindicato. *A Voz do Trabalhador*. Ano VI, Nº 38 (setembro/1913).

A predominância das ideias e valores anarquistas entre os organizadores do jornal mapeia e comanda a disposição das matérias, a organização dos assuntos, fazendo dele não um jornal anarquista no sentido de que lá só exista espaço para as posições anarquistas, mas um jornal que confere, que consegue imprimir uma linha anarquista no tratamento que dá às posições diferentes que têm espaço contemplado no jornal.

Espaço polêmico, que nutre a crítica, o debate e a luta como elementos fundadores de uma consciência livre que se quer semear entre os trabalhadores. *A Voz do Trabalhador* faz-se de tantas outras vozes, não reduzindo seu projeto a um bloco monolítico de posições, mas, ao contrário, o constrói com "persistência quase infinita", onde bastidores e palco principal se fazem presentes na mesma intensidade. Por vezes, encontraremos estas vozes se enfrentando numa sequência de artigos, uns respondendo a outros; outras vezes, encontraremos o debate nos comentários de publicações feitas em outros periódicos, num diálogo continuado, e encontraremos estas outras vozes, ainda, no silenciar de *A Voz do Trabalhador*.

Uma lógica dinâmica comandará as escolhas e o controle dos textos: os temas assumem importância maior ou menor, cedem espaço a outros, numa ligação intrínseca com as circunstâncias vividas e na medida em que colocam em risco o programa ou projeto ao qual se vincula o jornal. O peso relativo dos textos assume, assim, características particulares onde a recorrência de temas, os espaços a eles destinados, a contiguidade estratégica dos textos, passam a estruturar uma delicada escala de distinções que servirão à construção de uma identidade operária baseada nos valores do anarquismo.

A obra de organização do operariado como classe tem início já com o primeiro Congresso Operário em 1906, evento que marca tanto a criação da Confederação Operária Brasileira, como de seu órgão *A Voz do Trabalhador*.

As publicações do jornal dividem-se em duas fases que ao mesmo tempo marcam a organização e reorganização da COB. A primeira fase é marcada pela denúncia sistemática das condições de trabalho dos operários pelo país e o descortinar da questão social. A segunda fase inaugura uma atuação ostensiva na organização do operariado, num cenário de disputa de posições pela hegemonia das formas de luta e condução do movimento.

Com 21 edições publicadas entre julho de 1908 e dezembro de 1909, a primeira fase do jornal terá como destinatário privilegiado o operariado desorganizado, dedicando-se seus artigos prioritariamente à formação de uma consciência e identidade operárias. A luta pela conquista das 8 horas de trabalho é central para a organização, assim como a interiorização de valores e a propaganda do sindicalismo.[46] A construção da ideia do proletário internacional vislumbra uma "nova era de fraternidade" que, para os operários, não possui fronteiras.

A questão da necessidade da organização nesta fase é mediada por uma série de temas que pretendem arregimentar os operários e aglutinar lideranças em torno dos princípios da COB. A edição inaugural de *A Voz do Trabalhador*, em 1908, sugere uma possibilidade de explicação para o aparecimento tardio de um órgão criado já em 1906 no primeiro Congresso Operário Brasileiro. Trata-se da recorrente tematização da ameaça de guerra entre

46 A luta pelas oito horas de trabalho, oito horas de lazer e oito horas de sono foi reivindicação básica e internacional dos trabalhadores. Veja-se artigo: Afonso Manacas. A fadiga e o dia de oito horas. *A Voz do Trabalhador*. Ano VI, Nº 30 (maio/1913).

Brasil e Argentina e o sorteio militar. "Guerra à Guerra" é a divisa assumida pelas organizações operárias nacionais e sul-americanas e que guiará uma atuação antimilitarista ferrenha, até fins de 1908, com a mobilização operária contra a guerra, lançando apelos e conclamações em defesa da paz e realizando grandes e intensas manifestações às quais aderiram amplos setores da sociedade.[47]

É neste cenário claramente ameaçador da integridade operária que surge *A Voz do Trabalhador*. Inicia-se uma tessitura tênue que, por um lado, marcará a tendência anarquista, traduzida na disposição das notícias e no equilíbrio entre os textos de formação, de orientação da luta operária com propostas de ação direta e a indução de novas práticas de luta, como o boicote e a sabotagem; por outro lado não conterá unicamente esta tendência; ao contrário configurar-se-á como espaço de debate que nesta fase será caracterizado pela apropriação de discursos contrários e não propriamente pelo debate e enfrentamento aberto no próprio jornal.[48] Trata-se de uma inserção das posições contrárias no jornal,

---

47 Veja-se por exemplo o artigo Pela Paz dos Povos. Guerra a Guerra! *A Voz do Trabalhador*. Ano I. Nº 7 (dezembro/1908). O jornal *A Voz do Trabalhador*, da COB, também promoveu campanha contra a lei, defendendo serem legítimos até atos revolucionários para evitar o serviço militar, como instrumento "para combater o capitalismo e o militarismo, esses dois inimigos rancorosos do operariado universal" (edição de 15/8/1908). Em 1º de dezembro de 1908 ocorreu a primeira manifestação pública da COB contra a guerra e contra a Lei do Sorteio, com passeata pelo Centro do Rio e comício no Largo de São Francisco.

48 Veja-se por exemplo o artigo "Notas de Polêmica", que comenta artigo publicado no jornal socialista *Avanti*! de São Paulo, em que se afirma o descrédito dos operários quanto aos meios de luta revolucionários. A comissão editorial critica severamente essa posição e pergunta: "Se o proletariado se compenetrou da inutilidade dos meios revolucionários, não alcançamos a compreen-

geridas de maneira diretiva, como operação sempre localizada e relacionada a um evento particular com o fim de retornar ao projeto inicial de emancipação proletária pautada nos valores anarquistas, reforçando-o.

A Voz do Trabalhador realiza a tarefa de comentador da grande imprensa e da imprensa operária espraiada pelos estados. A política de aparecimento destas transcrições e comentários corresponde a de um sentinela, atento aos acontecimentos, resgatando as questões que possam obscurecer ou confundir a luta operária. Essa política faz com que o uso dos materiais apropriados seja diferenciado, destacando-se aqueles que dizem respeito à atuação dos socialistas, em especial de sua relação com personalidades ou instituições do Estado. Aqui há claramente uma apropriação para a crítica de condutas que apontam as incongruências entre os ideais e a prática dos socialistas examinados a partir de uma ótica predominantemente anarquista.[49]

As apropriações de informações da imprensa burguesa que desgastam a figura do Estado ou que denunciam a "questão social", são também tomadas como corroboradoras das teses sustentadas pela tendência anarquista, como forma de expandir o trabalho de convencimento do operariado sobre as formas de luta revolucio-

der como, com o seu 'bom senso', não segue os socialistas parlamentares que há tanto tempo o convidam para guiá-lo pelo bom caminho justo e seguro que conduz ao triunfo!". *A Voz do Trabalhador*. Ano I, Nº 4 (agosto/1908).

49 Veja-se o artigo "Porque?", que comenta manifestação realizada no Pavilhão Internacional em homenagem a Enrico Ferri, publicado na *Gazeta de Notícias*. *A Voz do Trabalhador*, Nº 6 e a sequência de artigos que comentará o evento e sua organização: Mais "lealdade" e "verdades". *A Voz do Trabalhador*, Nº 7. Veja-se o artigo Écos. O cúmulo do cinismo, "*A Voz do Trabalhador*". Ano I, Nº 5 (novembro/1908).

nárias; eventualmente, são operadas ligações entre as notícias de forma a dar conta da crítica ao Estado e à ação dos socialistas de uma única vez, produzindo efeitos que sugerem uns como prolongamento dos outros.

A estrutura do jornal que gerencia a recorrência temática em torno de seu projeto, traduz-se nas diferentes maneiras de abordagem dos temas; de forma mais ou menos direta, mais ou menos teórica, encaminhando-se a conclusões sempre em direção a um núcleo de preocupações e valores que assumem uma importância relativa às circunstâncias vividas pelo operariado.

Na crítica às instituições burguesas e ao Estado, assumem relevo as questões ligadas à igreja e à polícia. Intenso trabalho de desmistificação da religião é iniciado, com artigos que remetem a uma visão da Igreja ou da religião como elemento escravizador dos povos: [os padres]... "Como pretendem ser os possuidores da verdade única, não podem ver sem protesto que as frontes se inclinem perante crenças que não são as suas".[50] Escondidos nas fortalezas de seus templos tornam-se... "Donos das mulheres pelo charlatanismo, das crianças pela educação falseada, dos ignorantes pela rotina e terror, erigem a fé em inimiga da razão"...[51]

O anticlericalismo contido nos textos reporta muito mais à crítica, o poder que a religião tem sobre as vontades humanas. Mais que a riqueza material acumulada pela igreja, as ideias que representa exercem grande força sobre os espíritos e deles nutre-se, atrofia-os à penetração de outras ideias perpetuando a ig-

50 Chaugli Bené. O perigo religioso. *A Voz do Trabalhador*. Ano I, Nº 3 (agosto/1908)

51 André Lafreure. A religião. *A Voz do Trabalhador*. Ano I, Nº 7 (dezembro/1908)

norância. Dissipar a ignorância e instruir são as armas a utilizar contra o perigo religioso; dar combate aos dogmas da Igreja significava libertar-se de uma ordem construída para submissão. Em seu lugar, o pensamento racional e científico conferiria ao homem os instrumentos necessários à sua definição de religiosidade; ... "guerra à religião, mas respeito à liberdade do homem religioso". Longos artigos irão contar a história da igreja em todas as suas variantes, denunciando suas atrocidades ao longo do tempo. O que justifica essa entrada é uma polêmica travada entre Carlos de Laet e Alvaro Reis em dois jornais: no *Jornal do Brasil* e no *Jornal do Comércio* respectivamente. Ao comentar o debate, José Martins realiza, mediado por atores estranhos, a dessacralização do tratamento dado à atuação da Igreja.[52]

Fundam-se ligas e jornais anticlericais, exibem-se peças teatrais onde a figura do padre é execrada.[53] No ano de 1909, as críticas mais contundentes ao clero, ocorrem quando, em Barcelona, é condenado à morte o educador Francisco Ferrer y Guardia, sob a acusação de ter fomentado a revolta popular que culminou com a "Semana Trágica". O fuzilamento, em 13 de outubro, provoca a indignação do movimento proletário internacional que mobiliza ações de protesto e solidariedade. Tomam os espaços conferências,

52 José Martins. Quando os ladrões brigam I, II, III e IV. *A Voz do Trabalhador*. Ano I, N°: 11, 12, 13, 14 e 15 (maio/julho/1909).

53 Já em 1901 aparecia um jornal anticlerical anarquista, *A Lanterna*, que defendia a liberdade de pensamento, denunciando crimes e mistificações da Igreja. Sobre as atividades do jornal e o episódio da denúncia de morte da menina Idalina de Oliveira (1910), veja-se RODRIGUES, Edgar. *Socialismo e sindicalismo no Brasil (1675-1913)*. Rio de Janeiro: Laemmert, 1969, p. 297-299 e FAUSTO, Boris. *Op. cit*. p. 83-86.

comícios e um movimento de repúdio contra o governo espanhol e a Igreja Romana, ocasião em que se funda a Liga Anticlerical.[54]

A Voz do Trabalhador noticia o ocorrido em artigo intitulado A Reação Espanhola – O Jesuitismo a Renascer... "Todos sabem que o jesuitismo venceu atravessando mares de sangue derramado pelos seus adeptos e toda a gente sabia que Francisco Ferrer era uma presa há muito cobiçada por esse mesmo jesuitismo, que vem há séculos dominando a Espanha (...) Mais de 4.000 pessoas percorreram as ruas levando à frente uma bandeira negra e a seguir o retrato de Ferrer, noutra mais atrás ia o retrato de Afonso XIII em grande uniforme manchado de sangue e, ainda, noutra tela se via o rei assassino descabelado e Maura, ambos degolados e todos salpicados de sangue; esta foi a tela que quando passou em frente ao consulado espanhol foi espatifada e a de Afonso assassino o povo incendiou ao terminar a manifestação"...[55] O tema será ainda abordado por José Martins ao refutar matéria publicada no *Jornal do Brasil* de autoria do professor Janvau Sigma a respeito de Ferrer.[56]

Igreja e Estado constituem-se os dois principais sustentáculos da exploração para os anarquistas e assumem, por essa razão, forte importância no contexto da imprensa operária do período. O ano de 1908 marca o tratamento dado pelo jornal às questões

---

54 Sobre o episódio da perseguição e condenação de Francisco Ferrer, veja-se RODRIGUES, Edgar. *Op. cit.* p. 254-263. Veja-se, ainda, número especial dedicado aos acontecimentos de Hespanha e à obra de Ferrer. Rio de Janeiro, 13 de novembro de 1909, *In: Boletim da Escola Moderna: Suplemento sobre a Obra de Ferrer.* Fac Simile. Centro de Memória Sindical & Arquivo do Estado de São Paulo. São Paulo: 1991.

55 *A Voz do Trabalhador.* Ano II, Nº 19 (outubro/1909).

56 José Martins. Refutação a Um Jesuíta. *A Voz do Trabalhador.* Ano II, Nº 20 (novembro/1909)

relativas ao antimilitarismo como parte do projeto de emancipação do proletariado.

Dissemos já que o aparecimento de *A Voz do Trabalhador* dá-se em meio à ameaça de guerra e ao cerco do sorteio militar. O alistamento militar realizou-se sob forte reação popular, havendo inclusive protestos e invasões às juntas de alistamento em algumas localidades. As mulheres de Rio Doce protestaram ... "invadindo o local onde funcionava a junta de alistamento e, quebrando os utensílios e queimando o papelório (...), em Varre Sahe, Estado do Rio, a 30 do passado, um grupo de cerca de 300 pessoas invadiu o cartório onde se achavam os livros e listas destinados a comissão do sorteio militar, queimando-os. Na Vila da Abadia, Bahia, a população, por motivo do sorteio, abandonou o comércio e os lares, vendo-se a junta do alistamento impossibilitada de funcionar", outro grupo de mulheres em Sacramento, "em número de 200 invadiram o local onde funcionava a junta de alistamento e aí, depois de rasgarem os registros, puseram numa fogueira as armas e utensílios escravizadores (...) Em Fortaleza, Ceará, foram distribuídos boletins contra o sorteio e contra o governo...". Vários comícios preparados foram reprimidos, estudantes e trabalhadores presos e postos incomunicáveis.[57]

As listas publicadas, segundo dados do jornal *A Voz do Trabalhador*, não passam de 90 mil alistados numa "povoação de 20 milhões de habitantes". Verifica-se, pelos mesmos dados, que o maior número de alistados é do Estado de São Paulo, 60 mil, e que, dentre eles, estão cidadãos espanhóis, italianos, franceses "que nunca renunciaram à sua nacionalidade, que não votam, que

57 Bravo! Bravo! Reação contra o sorteio. *A Voz do Trabalhador*. Ano I, Nº 5 (novembro/1908).

se limitam a trabalhar aqui como em qualquer outro país, são incluídos às centenas nas listas do alistamento".[58]

Ao mesmo tempo em que a Confederação Operária Brasileira, através do jornal, lança um projeto a todo proletariado brasileiro, conclamando os trabalhadores a responder à declaração de guerra com a greve geral, inicia a construção de uma nova ideia de pátria, colocando no centro, e como referência para o debate, a figura do proletário enquanto povo: "O povo não quer guerra! O povo nada tem com as intrigas diplomáticas. O povo não quer servir à ambição dos políticos e militares. O povo não pode querer a guerra porque contraria os sentimentos de fraternidade humana."[59]

A guerra, entendida como crime coletivo, reporta também para a crítica ao militarismo, ao patriotismo. Assim, no mesmo número do jornal fica tematizado artigo onde se pergunta sobre a finalidade de manterem-se exércitos: ..."Segundo nos dizem os patriotas, eles deveriam servir para a defesa da pátria, isto é, do patrimônio comum de todos que nascem dentro de certos limites a que deram por chamar pátria; (...) Assim, pois, o exército brasileiro tem a alta missão de defender o patrimônio dos brasileiros. Mas teremos, por ventura, os operários brasileiros algum patrimônio para defender?"... [60]

---

58 O alistamento no sorteio militar. *A Voz do Trabalhador*. Ano I, Nº 8 (janeiro/1909). Ver também CARONE, Edgar. *A Primeira República*. 1889-1930. (Coleção Corpo e Alma do Brasil) São Paulo: Difel, 1969. *Exército: reorganização Hermes da Fonseca*, p. 251-255.

59 Pela Paz dos Povos. *A Voz do Trabalhador*. Ano I, Nº 1 (julho/1908).

60 Zig-Zag. Militarismo e Patriotismo. *A Voz do Trabalhador*. Ano I, Nº 1 (julho/1908).

Talvez a fome no interior do Rio Grande do Norte e a falta de trabalho e um povo andarilho, coberto pelos andrajos da miséria, fossem o patrimônio a ser zelado, em lugar dos gastos com "milhares de contos na aquisição de navios de guerra, máquinas infernais sempre inúteis e prejudiciais (...) E é nestas circunstâncias que os governantes e alguns assalariados da imprensa ousam falar-nos em guerras e procuram acender a discórdia entre os povos que nenhum interesse tem em se massacrar um ao outro. E tudo isso em nome do patriotismo!"[61]

Em lugar de pátria como espaço geográfico ao qual se circunscreve certa população, o jornal trabalhava a construção da imagem de um operário sem fronteiras, ligado aos demais espalhados pelo planeta, submetidos todos à exploração capitalista. O patrimônio dessa falange é a consciência e a organização. Aprender a enfrentar o inimigo e as instituições que o sustentam é a grande tarefa dos semeadores.

Se, por um lado o jornal abre espaços para o debate dos operários entre si, num continuado balanço da organização já existente, por outro tenta atingir as opiniões ainda não vinculadas à organização. Fazer ver a questão social é invadir os espaços dos acontecimentos para criticá-los diretivamente, extraindo-lhes as lições a serem aprendidas.[62] Talvez, a mais importante delas seja a de que a emancipação do trabalhador será obra do próprio trabalhador.

61 A Seca do Norte – Fome. *A Voz do Trabalhador*. Ano I, Nº 1 (julho/1908).

62 Veja-se o artigo Écos. O cúmulo do cinismo, que comenta emenda apresentada à Câmara dos Deputados propondo o pagamento dos domingos e feriados aos operários e que foi rejeitada. Aqui o papel do parlamento e dos políticos é conduzido para a descrença da representatividade. *A Voz do Trabalhador*. Ano I, Nº 5 (novembro/1908).

Uma fórmula estratégica de introdução da propaganda do sindicalismo revolucionário vai tomando corpo de maneira sutil, mediada pelo tratamento de temas que circulam na órbita do projeto de organização... "A ação do operariado deve, no presente momento, ser de arregimentação, isto é, de preparar o ambiente para a luta (...) A liberdade individual jamais poderá ser um fato no domínio da desigualdade econômica (...) tudo quanto temos direito, como produtores, o conquistaremos com a força da nossa solidariedade e não por amor e justiça da classe exploradora, sendo ela representada pelo Estado – o maior inimigo do povo – garantido e defendido por corporações armadas e organizadas pela inconsciência bruta da massa trabalhadora"...[63]

Se a ameaça de guerra mobiliza a COB e o jornal *a Voz do Trabalhador* em seus inícios, dando a liga para aglutinar as atenções em torno da atuação das organizações operárias, uma outra guerra, instalada já no cotidiano operário, ganha visibilidade. Os campos de batalha estão nas ruas, nas oficinas, nos momentos em que se conspira a revolta. Nas pedreiras, tecelagens, nas construções, nas padarias, entre os pés de café. Outro exército está a postos diuturnamente a vigiar os comportamentos, os encontros, os escritos. É a polícia que materializa o projeto de repressão da

63 Rozendo dos Santos. Sem Ambages. *A Voz do Trabalhador*. Ano II, Nº 19 (outubro/1909). Nesta 1ª fase veja-se também os artigos: Neno Vasco. Sindicalismo Revolucionário – Valor da Resistência. *A Voz do Trabalhador*. Ano II, Nº 19; João Penteado. A Propósito do Sindicalismo – I. *A Voz do Trabalhador*. Ano I, Nº 8; Pedro Matera. A Organização. *A Voz do Trabalhador*. Ano II, Nº 19; Sobre um Sindicato. *A Voz do Trabalhador*. Ano II, Nº 21; Eliseu Reclus. A Cooperativa. *A Voz do Trabalhador*. Ano I, Nº 4.

burguesia. Prisões, deportações e outras tantas violências são praticadas ali mesmo, em total desprezo ao que preveem as leis.[64]

Invasões e destruição de sindicatos e federações são frequentes; o espancamento de operários compunha cenas que cada vez mais são tematizadas ... "A um sinal do delegado, os policiais entraram na sala, de chanfalho em punho e, fechando a porta, espadeiraram à vontade, quebraram os móveis e todos os objetos que acharam à mão, atirando tudo pelas janelas ao meio da rua. Ao mesmo tempo, numerosas forças, a pé e a cavalo chegavam à praça Telles e efetuaram a prisão de mais de 150 operários... Os pedidos de habeas-corpus foram burlados. De alguns presos não se tem notícias"...[65] Teimosia, persistência infinita... Assim é que estes episódios narrados deixam transparecer.

> As violências que contra nós cometem as autoridades, longe de ser para nós motivo de desânimo e de esmorecimento, são ao contrário um alento, um estí-

---

64 Veja-se sobre prisões de operários que distribuíam folhetos e boletins contendo propaganda contra a guerra: Na Mogiana – Abusos e Prepotências. *A Voz do Trabalhador*. Ano II, Nº 19; A Justiça. *A Voz do Trabalhador*. Ano I, Nº 6. Sobre expulsão veja-se: Vicente Vacirca (diretor do jornal *Avanti*!). A expulsão de um jornalista. *A Voz do Trabalhador*. Ano I, Nº 3. Sobre a expulsão do Prof. Edmundo Rossoni ver artigo A Justiça Republicana. *A Voz do Trabalhador*. Ano II, Nº 21. Sobre expulsões ver também DIAS, Everardo. *Op. cit.* p. 57. Interessante, ainda, é o relatório do Comissariado de Segurança Pública, do serviço especial de vigilância do Consulado Italiano em São Paulo, que monitora a ação dos anarquistas, datado de 30 de junho de1909. *In:* PINHEIRO, Paulo Sérgio & HALL, Michael M. *Op. cit.* p. 109-14.

65 A Greve de Santos – sobre invasão da sede da Federação Operária de Santos quando encontravam-se reunidos operários padeiros para discutir e apresentar reivindicações aos seus patrões. *A Voz do Trabalhador*. Ano I, Nº 14 (julho/1909).

> mulo para dedicarmos à luta, sempre mais convencidos da sua necessidade.[66]

Enquanto o jornal conforma um ar de otimismo e valentia para dar prosseguimento à propaganda e organização, as condições necessárias que a ele garantem voz vão se exaurindo. No contexto dos acontecimentos e em meio à manipulação da grande imprensa, que confere aos anarquistas o título de integrantes de uma organização subversiva secreta,[67] as publicações são interrompidas. O jornal é quase uma imagem pintada na tela, a película de um filme que pode ser lida. Repressão policial e ausência de recursos combinam-se para calar *A Voz do Trabalhador*.

A última edição da primeira fase dá-se em dezembro de 1909. Em janeiro de 1913, com o reaparecimento das edições, publicam-se mais 50 números do jornal, até junho de 1915.

Do levantamento por nós realizado nas 21 edições da primeira fase, os temas de maior ocorrência são: condições de trabalho e crise social, religião, boicote, educação e instrução, violência policial, organização operária, sindicalismo, cooperativismo, introdução de máquinas na produção, ação parlamentar, leis e eleições. Parte deles tem caráter eminentemente formador, dando concretude ao projeto de construção da emancipação operária, através da introdução de debates teórico-práticos desencadeados a partir dos textos.

---

66 Ao Proletariado em Geral – A Federação Operária Local-Santos. *A Voz do Trabalhador*. Ano I, Nº 15 (julho/1909). Sobre a ação da polícia veja-se também: Joaquim de Matos. A Greve Terminou. O Papel da Polícia. *A Voz do Trabalhador*. Ano II, Nº 18; Movimento Operário - Em São Paulo. *A Voz do Trabalhador*. Ano II, Nº 19.

67 RODRIGUES, Edgar. *A mão negra e o incêndio da casa alemã. Op. cit.* p. 270-273.

O período de desaparecimento do jornal coincide com o agravamento das contradições internas do movimento operário brasileiro e a luta entre as correntes revolucionária (anarquistas e sindicalistas revolucionários) e reformista (socialistas), debilitando a ação da COB.[68]

Apesar de as publicações de *A Voz do Trabalhador* serem interrompidas, vários eventos de mobilização e luta operária vão ocorrer, envolvendo inclusive muitos de seus colaboradores. As federações operárias e sindicatos, sujeitos à repressão e perseguição, continuaram realizando ações de resistência. As organizações operárias eram ameaçadas e invadidas, seus participantes estavam sujeitos a serem despedidos. Listas "Negras" são elaboradas pelos industriais e a polícia, conflitos armados ocorrem em São Paulo, durante tentativa de paralisação do tráfego de bondes.[69]

> Os anos de 1911 até 1913 podem ser caracterizados como um boom acompanhado de fortes pressões inflacionarias. Uma nova depressão ocorre com o irromper da Primeira Guerra Mundial (queda das exportações de café: em razão do bloqueio britânico são fechados os mercados da Alemanha, Áustria e Bélgica). As construções param, as fábricas reduzem a produção e, em muitos casos, cessam suas atividades. Aumenta o desemprego.[70]

A repressão policial não possuía limites. Amparada pela lei Adolfo Gordo a perseguição a operários imigrantes é acirrada;

---

68 KOVAL, Boris. *Op. cit.* p. 112

69 BEIGUELMAN, Paula. Os companheiros de São Paulo. 2.ed. São Paulo. Global, 1981, (Teses 3), p. 56-57.

70 PINHEIRO, Paulo Sérgio. *Op. cit.* p. 155.

as greves reivindicativas e de solidariedade têm continuidade, mas ocorrem de maneira mais espontânea, tendo o ano de 1912 a maior concentração de greves com esses conteúdos, ocorrendo uma greve generalizada em São Paulo (maio) e depois em Santos.[71] O aumento acelerado do custo de vida, escassez e precariedade de habitações, baixa do salário real, são algumas das causas, além da jornada de trabalho.

A violência da polícia paulista leva a Federação Operária do Rio de Janeiro a convocar ato público de protesto. No entanto, não há repercussão do fato entre as autoridades, que dão continuidade ao clima de perseguição. Os acontecimentos aquecem a organização operária com a renovação e reorganização dos sindicatos, associações de classe, centros de cultura.[72]

Em outubro de 1912 é iniciado o movimento de reorganização da Confederação Operária Brasileira por iniciativa da Federação Operária do Rio de Janeiro e outras, convocando uma reunião para a qual foi nomeada uma comissão encarregada de expedir circulares a todas as organizações operárias com o fim de prepararem o 2º Congresso Operário Brasileiro. A circular enviada contém informações sobre o anúncio de um Congresso Operário que vem sendo organizado e que de operário só tem o nome, prevendo que os camaradas do interior ignoram o fato; chama a atenção para a mistificação que se fará realizar.[73]

---

71 A Dinâmica do Movimento Operário. FAUSTO, Boris. *Op. cit.* p. 133. A generalização da greve ocorrera pela ruptura do acordo sobre o horário de serviços ou as 8 horas de trabalho, veja-se: Os Conflitos Coletivos de Trabalho. SIMÃO, Azis. *Op. cit.* p. 107.

72 Eclodem Greves em Todo País. RODRIGUES, Edgar. *Op. cit.* p. 308-334.

73 Relatório da Confederação Operária Brasileira apresentado ao Segundo Congresso. PINHEIRO, Paulo Sérgio & HALL, Michael M. *Op. cit.* p. 206-223.

Entre 7 e 15 de novembro de 1912, ocorre no palácio Monroe (RJ) o "Congresso Amarelo", realizado pelos partidários da corrente reformista e que o denominaram oficialmente de 4º Congresso Operário Brasileiro, ocasião em que se funda a Confederação Brasileira do Trabalho, "Cêbêtê", como será denominada pejorativamente a seguir.[74] Esse congresso marca novas bases de luta, com a introdução da participação e influência na política do país. A organização do proletariado deveria ser não em sindicatos, mas em cooperativas de produção e consumo, propondo-se um programa mínimo de garantias trabalhistas a serem conquistadas pela via parlamentar.[75]

Em janeiro de 1913, ocorre a reorganização da COB e o reaparecimento das publicações de *A Voz do Trabalhador*. O clima de desterro e perseguição envolve de maneira predominante as edições do jornal. Esta segunda fase é marcada pelo intenso trabalho de mobilização das classes operárias e por uma forte campanha de formação sindical, caracterizada por extensos artigos que debatem questões cruciais para a manutenção dos rumos da organização, conforme estabelecido nas resoluções do 1º Congresso.

---

74 O Congresso Amarelo é largamente criticado pelos revolucionários como obra do governo para o desmonte da organização operária sindical. O Congresso, iniciativa do Marechal Hermes da Fonseca, é dirigido por seu filho, o tenente e deputado Mario Hermes, e pelo dirigente sindical Pinto Machado. Veja-se: HARDMAN & LEONARDI. *Op. cit.* p. 336. Boris Koval em Histótia do Proletariado Brasileiro, explica que a denominação oficial do Congresso como "4º", considera como primeiro a Conferência dos Socialistas em 1892; como segundo, o Congresso dos Socialistas em 1902 e, como terceiro, o 1º Congresso Operário Brasileiro de 1906. *Op. cit.* p. 112.

75 4º Congresso Operário Brasileiro - Resoluções - Estudos Sociais, junho de 1963, nº 17, p. 69-87. Ver, ainda, FAUSTO, Boris. *Op. cit.*p. 55-59.

Enquanto a questão da organização, na 1ª fase, se colocava por uma clara campanha de arregimentação do operariado, mediada pelo debate de temas a ela subordinados ou relacionados, nesta fase vai traduzir-se de modo enfático e direto, ligada organicamente às práticas de violência e perseguição. A organização, além de ser o caminho para a emancipação do proletariado, agora transformava-se na via possível de manutenção da integridade física e moral dos trabalhadores, ou seja, na garantia mínima de manutenção de sua identidade.

A discussão em torno dos problemas sociais e políticos, da repressão operada pela polícia à organização e, principalmente, da aplicação da lei de expulsão demonstram uma atuação muito mais ostensiva dos sindicalistas revolucionários nesta fase.

O jornal torna-se, cada vez mais, um instrumento de luta e de educação: grandes esforços são realizados para a manutenção de um balanço constante da situação operária no país, indicam-se agentes da organização (papel desempenhado por excursionistas) e instituiu-se um arsenal estratégico de propaganda sindical. Uma das resoluções do 2º Congresso indicava os meios a empregar na propaganda do sindicalismo: ... "O 2º Congresso dirige um caloroso apelo a todas as organizações sindicalistas do Brasil para que se dediquem a uma imediata, intensa e larga obra de propaganda(...) aconselha os seguintes meios: o jornal, o folheto, o cartaz, o manifesto, o carimbo, as conferências, excursões de propaganda, representações teatrais, criação de bibliotecas, etc. (...) Que a COB organize uma série de excursões permanentes pelos estados, nomeando para esse fim um ou mais propagandistas, que percorrerão sucessivamente as diversas regiões do Brasil, trabalhando pela sistematização da organização operária..."[76]

O discurso organizatório absorve as demais questões. O destinatário continua sendo o operariado desorganizado, mas o relevo é dado à orientação das organizações operárias; um exemplo das preocupações com respeito à orientação das organizações operárias, é a quantidade de artigos publicados sobre o cooperativismo, num intenso esforço para desmistificar, a iniciativa apoiada e incentivada pelo Estado nos sindicatos.[77] Mover-se entre escombros, fornecer mapas de sobrevivência, praticar o exercício de vigiar e saber-se vigiado, dar instrumentos que auxiliem a guerra cotidiana, são estas as paisagens fornecidas pelos textos.

A organização do segundo Congresso Operário e suas resoluções, do ponto de vista dos relatos contidos nos textos e relativamente à primeira fase do jornal, demonstram um salto qualitativo na organização e direção do próprio movimento operário. Ao mesmo tempo, o enfrentamento com a tendência reformista é frequentemente tematizado em artigos que se sucedem num diálogo efervescente de disputa. Se na primeira fase o tratamento da questão varia entre a formação e informação, o apelo à sindicalização e o debate à distância com posições contrárias, a segunda fase caracteriza de modo enfático a necessidade vital da organização dos operários em sindicatos, destacando o fato de ser ... "sobretudo nos sindicatos que se faz a educação moral dos operários: dignidade individual, simpatia e solidariedade. Esta educação re-

76 Resoluções do 2º Congresso Operário Brasileiro (sétimo tema). *A Voz do Trabalhador*. Ano VI, Nº 39/40.

77 Não nos iludamos. *A Voz do Trabalhador*. Ano VI, Nº 42 (novembro/1914)

aliza-se pelo exemplo e pelo contágio que dele resulta: aprendem, afoitam-se a não curvar a cabeça, a não ter medo".[78]

Extensos artigos, redigidos de maneira didática, mapeiam o caminho da construção dos sindicatos e imprimem, em seu formato, o modelo anarco-sindicalista de organização, que privilegia a ação direta e a greve geral revolucionária.[79]

Aparecem também artigos que criticam as ações sindicais e defendem o socialismo como a via para a libertação operária do jugo capitalista.[80] Nesta segunda fase, destaca-se intenso debate em torno do cooperativismo, presente já desde as primeiras publicações, que reaparece num declarado enfrentamento às teses aprovadas pelo "Congresso Amarelo" de 1912 que indicavam as cooperativas como forma privilegiada de organização operária.[81]

Um outro conjunto de artigos tematiza o debate sobre as resoluções do segundo Congresso quanto ao primeiro tema. Ele dizia respeito às sociedades operárias aderirem a uma política de partidos ou conservarem-se neutras; ao fim dos debates aprovou-se a moção que defendia o contínuo atrito de ideias, o fomento das discussões, pois a proposta é a de que o sindicato una os ope-

---

78 Veja-se, na primeira fase, os artigos: Sindicalismo Revolucionário, Nº 8; Organização, Nº 19 e Sobre um Sindicato, Nº 21. *A Voz do Trabalhador*. Na 2ª fase veja-se M.Pierrot. Sindicalismo. *A Voz do Trabalhador*. Ano II, Nº 23 (1913).

79 Neno Vasco. Sindicalismo Revolucionário. A Organização Operária. *A Voz do Trabalhador*. Ano II, Nº 25, 26, 27 e 29.

80 Antonio Cunha. A Política e o Sindicalismo. Este artigo vem seguido de nota da redação, esclarecendo que a publicação dele - que de fato contraria a posição dos anarquistas - nada mais é que "agir de acordo com as deliberações do 2º Congresso".

81 Os artigos que tematizam o cooperativismo podem ser encontrados nas edições de N: 1, 4, 7, 28, 30, 34, 41, 42, 43, 48.

rários para libertá-los da escravidão patronal e não para submetê-los à "sociocracia do sindicato". A plena autonomia do sindicato deve ter início dentro do próprio sindicato,... "sob pena de perder todo o seu valor de organização emancipadora de indivíduos que querem sua liberdade dentro da liberdade de todos".[82]

O atrito entre as ideias será encontrado nos artigos em que se desenrolam contendas entre posições. De maneira direta, nesta fase, agencia-se a publicação de diálogos dados a ver com maior frequência. O debate com outros periódicos e a crítica às informações veiculadas pela imprensa burguesa também ganham destaque.[83]

Outro tema que se destaca nesta fase são os atentados praticados pela polícia com relação às perseguições e expulsões de operários e sindicalistas. Até julho de 1913, os artigos referem-se àquela guerra cotidiana entre capitalista e operário, que resulta em intensa

---

82 Zenon de Almeida. Sejamos Lógicos. *A Voz do Trabalhador*, Nº 50. Debate três moções apresentadas ao 2º Congresso sobre a declaração ou não de princípios filosóficos nos sindicatos. Destacam-se ainda os artigos de João Crispim e Neno Vasco sobre o sindicato declarar-se ou não anarquista-comunista. João Crispim escreve em *A Voz do Trabalhador* e os artigos de Neno Vasco vêm transcritos do jornal Aurora, que se publica em Portugal. Os artigos aparecem nos números 50, 53, 54, 57, 61 e 64.

83 Sobre contendas veja-se na 1ª fase: nº 12, 13, 14 e 15 entre Mota Assunção, a redação do jornal e Amaro de Matos; nº 15 entre José Comezanha e companheiros do Sindicato dos Alfaiates; nº 20 e 21 entre Rozendo dos Santos e José Lima de Carvalho, sobre a união dos tipógrafos e máquinas linotipos; nº 21 entre a redação e o Sr. Carvalho, sobre sindicalismo; nº 30 entre Astrojildo Pereira e Mariano Garcia, sobre ideais socialistas e libertários; nº 38 entre Rozendo dos Santos e Justo Abrahão, sobre artigo publicado no jornal *A Época;* nº 42 entre Rozendo dos Santos e Mota Assunção, sobre a participação de jornais no 2º Congresso; nº 42 entre Luiz Gonzaga de Albuquerque e a União dos Estivadores, sobre calúnias recebidas. O diálogo entre jornais pode ser encontrado nas edições de N: 23, 30, 32, 36, 38, 41, 57, 67, 68.

repressão. A partir de agosto do mesmo ano, os textos ganharão outras características. O início da 1ª Guerra Mundial insere o operariado brasileiro e mundial num cenário particular. Ganham vulto os textos de tom profético: o "calvário do século", o momento da "definitiva emancipação do proletariado" se fará através das revoltas que a guerra gerará. Assim profetizam vários textos do jornal.

Realizam-se apropriações de textos de jornais burgueses que relatam a agitação operária na Europa. Deles, considerados "insuspeitos", retiram-se as provas do poder proletário. "Todos os dias, de norte a sul da Grã-Bretanha se realizam milhares de meetings revolucionários, nos quais se aconselha o povo a não tomar parte na defesa de um território em que ele não possui nem a minúscula área necessária para repousar o corpo fatigado"...[84] O jornal coloca-se como principal instrumento de denúncia das iniquidades sofridas pelos trabalhadores; acompanha atentamente esses acontecimentos, aglutinando a solidariedade operária nacional e internacional.

A aplicação da lei Adolfo Gordo e, posteriormente, a Guerra na Europa ocupam lugar destacado no jornal nesta fase. A prática do desterro não constituía privilégio dos operários imigrantes. Os Estados do Amazonas, Pará e Mato Grosso eram, em geral, o destino dos operários nacionais raptados pela polícia, e não raros eram os casos de deportação, inclusive de brasileiros.

O relatório da Federação Operária de Santos, apresentado no 2º Congresso Operário, conta episódio em que a Federação, em agosto de 1912, durante a greve na Docas, prestou apoio material e intelectual àqueles companheiros. No dia seguinte ao da entrega de ofício contando as reivindicações ao superintendente da Companhia, a

84 Depoimento Insuspeito. *A Voz do Trabalhador*. Nº 60 (agosto/1914).

polícia prendeu cinco companheiros. "Os referidos camaradas que não trabalhavam na Docas, foram conduzidos, incomunicáveis, para São Paulo e dali para o Rio, e sem causa justificada o governo federal, a pedido de São Paulo, expulsou-os sumariamente do território nacional, não atendendo a que um deles, Primitivo Soares, era brasileiro, e outros casados com brasileiras e com filhos brasileiros, tendo todos eles mais de 10 anos de residência neste país"...[85]

Miséria e perseguição fundem-se no cenário da luta operária. Em carta dirigida à COB, transcrita em *A Voz do Trabalhador*, um operário de Santos descreve a situação vivida: "Aqui não há mais garantia individual. Estamos em completo estado de sítio, sem ser declarado. Vai qualquer pessoa pela rua, recebe voz de prisão, sem saber porque; (...) e se no fim de dois dias de prisão não tem quem se interesse por si, la vai, marchando para Mato Grosso e outros lugares, homens e mulheres..."[86]

O jornal participa de campanhas que visam sensibilizar o proletariado para angariar fundos para o pagamento de multas de companheiros presos, noticiando iniciativas de centros e outras or-

---

85 Federação Operária de Santos. Relatório apresentado ao 2º Congresso Operário Brasileiro. *A Voz do Trabalhador*. Nº 51/52 (abril/1914). Sobre o desterro dos nacionais veja-se Pelo Mundo Operário - Santos. *A Voz do Trabalhador*. Nº 27 (março/1913); Cecilius. Deportado. Viva a Pátria!... *A Voz do Trabalhador*, Nº 26 (março/1913). O decreto nº 2741, de 8 de janeiro de 1913, suprimiu o art. 3º da lei, que impedia a expulsão de estrangeiro quando residisse no país pelo menos por dois anos contínuos ou por tempo inferior quando casado com brasileira ou viúvo com filho brasileiro. Mesmo durante o período em que vigorou este artigo, praticava-se a expulsão de maneira arbitrária e segundo as conveniências do momento. O Governo do Pará expulsa cinco operários para Europa. *A Voz do Trabalhador*. Nº 56, 57, 58, 60, 61.

86 Pelo Mundo Operário - Santos. *A Voz do Trabalhador*, Nº 27.

ganizações que realizavam comícios de protesto, petições e outras ações a fim de libertar companheiros presos ou desaparecidos.[87]

Nesta fase, início de 1913, são enviados delegados da Confederação Operária Brasileira para a Europa para dar início à campanha contra a imigração, denunciando a inexistência de garantias, no país, aos trabalhadores imigrantes. A agitação iniciada pelas expulsões praticadas pela polícia de São Paulo toma todos os estados com protestos e comícios. O país passa a ser chamado de "colônia siberiana"; sequer as garantias jurídicas eram preservadas e a Constituição, entendida como letra morta, é frequentemente tematizada.[88]

Os efeitos da propaganda na Europa levam aquelas organizações operárias a denunciarem a seus governos o que vem ocorrendo aos emigrantes vindos para o Brasil. Campanhas de difamação

---

87 Veja-se, por exemplo, a ação do Centro de Estudos Sociais (RJ) no caso da prisão do operário Adolfo Anta, encarcerado desde setembro de 1908, em Santos-SP, por ter solicitado à polícia licença para realizar comício de protesto à expulsão. Transferido para o RJ, consegue ser posto em liberdade apenas em maio de 1913. Os registros do caso estão presentes nas edições de nº 8 (1909), nº 26 e 29 (1913). Outro caso exemplar da perseguição da polícia é a do operário Jubert, preso por ter respondido no jornal O Operário, em defesa aos ataques do bacharel Otavio Moreira Guimarães contra o proletariado organizado de Sorocaba. Foi detido na penitenciária de São Paulo com a pena de 4 meses de prisão e 450$ de multa. *A Voz do Trabalhador*, Nº 29 (abril/1913), Nº 31 (maio/1913) e Nº 38 (setembro/1913).

88 O tratamento da questão pelo jornal adquire a importância de uma seção nomeada "Em Torno Duma Monstruosidade", onde são relatados e acompanhados os acontecimentos e a agitação operária; vejam-se os artigos presentes nos N: 22, 23, 24, 25, 26, 27, 28, 30, 31, 32, 33, 45, 46 de *A Voz do Trabalhador*.

do governo brasileiro, bem como a ameaça de boicote ao desembarque de café, são alguns efeitos da propaganda.[89]

Nesse momento, é clara a disputa pela hegemonia do movimento, dividido entre os anarquistas, que propõem a ação direta, e os socialistas parlamentares, que tentam engajar os operários na luta política partidária. O peso dos artigos de formação em torno das questões do sindicalismo revolucionário e sobre o engodo da política aparecem com frequência quase que ininterrupta, marcando a disputa pelo futuro da organização operária. As dificuldades que se avolumam para a manutenção da vida do jornal catalisam a receptividade operária àquela direção do movimento, tanto quanto para as condições econômicas do proletariado.[90] Ao mesmo tempo, a atuação dos membros da COB pelos estados brasileiros resulta em saldo positivo de organização e defesa do proletariado em todo país. As excursões de propaganda, além da sistematização da organização, contribuíram com o levantamento de dados e notícias do operariado espalhado pelo Brasil.

A iminência da guerra interrompe a rotina e redefine as estratégias dos textos. A guerra, a partir das edições de agosto de 1914, assume os espaços principais do debate, como tema integrador. As representações construídas terão como referência este acontecimento e novas estratégias textuais serão mobilizadas. Talvez, a

89 Veja-se, por exemplo, os artigos: Os efeitos da Propaganda, Nº 31; Em Torno Duma Monstruosidade, números 30, 31 e 32 de *A Voz do Trabalhador*.

90 Em relatório da COB apresentado ao 2º Congresso Operário, há informação de que a tiragem do jornal era de quatro mil exemplares. A constante ausência de espaço para publicações que se avolumavam revela a concorrência que existia pelo jornal. Os problemas de recursos para mantê-lo parecem também ter sido um problema dos demais jornais operários que mantinham aquelas características.

maior familiaridade dos leitores comuns com crônicas e romances, tenham feito com que o uso de dispositivos diversos de leitura fosse utilizado em momentos esparsos, mas com destaque naqueles em que houve necessidade vital de ampliar o círculo de leitores e levá-los, através destes dispositivos, ao entendimento das mensagens. O uso do estilo de escrita próximo às crônicas, antes utilizado apenas para narrar histórias de vida com fundo moral, agora carrega informações, propõe práticas, envolve-se com o leitor de maneira sutil. Agarrando-o, primeiro, na envolvência da história narrada, sinaliza o leitor como parte dela e pontualmente dele se apropria.

A resposta a um leitor fictício é uma estratégia utilizada pela primeira vez no jornal, com conteúdo eminentemente subversivo. No texto "Carta a Um Faminto" temos um caso exemplar. Jeremias é o destinatário da carta. Assim camuflado, pode receber lições que o preparam para a ação revolucionária. Inicialmente, Jeremias é criticado como alguém que reclama bastante da própria situação, mas que, de fato, nada realiza para alterá-la. O amigo responde que não gosta de suas lamúrias, pois "a lamúria é impotência, é a renúncia, é a morte". Diz que a vida é outra coisa, é principalmente audácia: "Só a audácia dá vitória". O amigo dialoga com ele sobre aquelas lamúrias e intervém em seu nome, sempre que lhe ocorrem perguntas que Jeremias, se estivesse presente, faria. Assim segue-se a conversa após uma série de explicações das causas da crise:

> ...os gêneros existem: os meios de os produzir existem; as casas existem. Logo, se os trabalhadores se submetem à crise, se passam fome, é simplesmente porque o querem. Ora! dir-me-ás... mas se não temos dinheiro, como haveremos de adquirir essas coisas de que precisamos? Escuta cá, meu amigo: vós vos alimentas com o dinheiro, vós habitais dentro do

> dinheiro? Pois então, bolas! mandai à fava o dinheiro, – que comam os capitalistas(...)

Prevê o amigo que haverá saque fatalmente e explica que "se este saque não tomar um caráter expropriador e revolucionário, será pouco menos que inútil", pois os soldados sufocarão a ação e tudo voltará a ser como antes.

> Como fazer então? Aí entra a segunda parte prática do programa a seguir pelos mais resolutos e inteligentes. No primeiro momento, enquanto o povo se entrega ao saque, faça-se isso: ponha-se fogo nos casebres, nas estalagens, nas avenidas infectas e ponha-se fogo nos case-públicos, tabelionatos, (...) porque devoradas pelo fogo as péssimas habitações atuais, certamente que o povo não há de morar na rua, há de invadir os palácios e casas grandes e cômodas e aí instalar-se-á comodamente, e devorados pelo fogo os arquivos públicos, etc, desaparecerão todos os títulos e documentos da propriedade burguesa...

Jeremias acaba por ter uma lição prática de como realizar o saque revolucionário. Ao final, o amigo informa que está enviando também, "por este mesmo correio alguns livros e folhetos de muito interesse". São eles: A conquista do pão; Como haremos la revolución; Sobre la ruta de la anarquia. Recomenda, ainda, que os livros sejam lidos aos vizinhos e companheiros, às mulheres inclusive.

Como Jeremias, o povo "é" um ente camuflado, sem identidade própria ou definida; no entanto, o correio ou o jornal pode conduzi-lo à audácia se, de fato, apoderarem-se das ideias contidas nos escritos; a leitura não deve ser solitária; da mesma forma, a luta revolucionária pela emancipação não poderá ser obra de um ou alguns operários.

O texto agarra pela forma, enquadra o leitor mostrando-lhe um semelhante, e dele – do leitor – se apropria, ao colocar o dilema: a renúncia, a impotência, e fatalmente a morte, ou a audácia, o enfrentamento da luta.[91]

Aparecem com maior frequência, nesta fase, textos que simulam um diálogo entre personagens. Neles opera uma lógica construída para ligar as questões da guerra, o antimilitarismo e a exploração capitalista à inexorável revolução social. Os diálogos tentam dosar a quantidade de informações e torna simples, questões habitualmente tratadas no jornal de maneira rebuscada.[92]

Os textos dedicados à formação variam, portanto, na forma textual que assumem, pretendendo diversos destinatários. As estratégias são exemplares, variando desde o tratamento de caráter científico até o uso de argumentos que se ligam a comparações com a natureza ou de simples discursos inflamados de convencimento que, supostamente, possuem um destinatário já pertencen-

---

91 Tristão. Carta a um Faminto. *A Voz do Trabalhador*. Nº 61. Veja-se ainda as seguintes crônicas: Morte Poética, tema anticlerical. *A Voz do Trabalhador*, Nº 2; Francisco P. Arsuaga. Virtus Post Nummus – tema anticlerical. *A Voz do Trabalhador*, Nº 10; Z.Z. Levanta-te Trabalhador. *A Voz do Trabalhador*, Nº 25; José da Libertação. Como Decai um Operário – tema moral. *A Voz do Trabalhador*. Nº 32; Julio Costa. Considerações – tema anticlerical. *A Voz do Trabalhador*, Nº 57; Santos Barbosa. Tuberculoso. *A Voz do Trabalhador*, Nº 59; Santos Barbosa. Filhos do País da Luz – tema anticlerical. *A Voz do Trabalhador*, Nº 61.

92 Veja-se por exemplo Paulo Lafarque. Pequenas Verdades Socialistas (diálogo entre patrão e operário). *A Voz do Trabalhador*, Nº 45; José Carlos de Souza. Falta de Trabalho (diálogo entre um operário e uma consciência que lhe argui). *A Voz do Trabalhador*, Nº 56; S.B. Entre Amigos Velhos (diálogo entre um soldado e um operário). *A Voz do Trabalhador*, Nº 62

te ao círculo de leitores que comungam daqueles ideais, tendo o texto uma tarefa de mantê-los unidos e em prontidão.

O jornal tenta produzir uma ortopedia da revolta e da indignação; reconhece o corpo em sua natureza, possuidor de autonomia de gestos e ações que o formam, deformam, conformam, segundo suas próprias leis. Fazer derruir a ortopedia social disciplinadora, que engessa e imobiliza estes gestos e ações, é a finalidade dos textos.

Sementes da nova sociedade

...Rossoni lecionou na antiga escola Racionalista da Água Branca, mantida pelos vidreiros da Santa Marina, e costumava falar nas sociedades e sindicatos operários dos bairros. Ia frequentemente ao Belenzinho, onde, no salão da Pérola, na Rua Passos, fazia suas preleções, ouvido com a máxima atenção pelos trabalhadores e também por alguns curiosos ávidos por aprender algo sobre o socialismo. Entre estes últimos, encontrava-se certa vez Mastro Alfonso... magro, de baixa estatura, com seu inseparável cachimbo de cano comprido à boca, ouvia atenciosamente o inflamado orador, que pregava a tomada do poder pelas classes obreiras, que iriam, outrossim, apossar-se das riquezas dos industriais que os exploravam. Palmas, vivas, etc... Ao fim da reunião, o velhinho, aproximando-se de mansinho do professor, pediu-lhe licença para formular uma pergunta, o que foi deferido na hora.

—Scusi, professore, – começou Mastro Alfonso – lei há la scopeta?

—Scopeta?! che vuole dire? – indagou perplexo, Rossoni.

O velhinho fez um gesto com o indicador, como que puxando um gatilho.

—Ah! Le armi?

> — *Si, le armi.*
>
> — *Bene, per ora, non abbiamo niente. Ma sapremo trovare le armi. Ma, perche mi domanda questo, caro compagno?*
>
> — *Perche, professore, senza la scopeta, o le armi, como dice lei, nada feito.*
>
> — *Ma come?!...*
>
> — *Si,si! Se noi altri andremo a prendere il denaro e tutto il resto, i ricchi si diffenderanno! Il governo e i soldati li aiuteranno! E allora? Lei parla bene, caríssimo professore, ma senza la scopeta, nada feito.*[1]

A consciência da inteligência e do braço

Nosso objeto de análise localiza-se no terreno das estratégias que *A Voz do Trabalhador* adota para configurar sua própria dimensão educativa, divulgando, legitimando ou pretendendo corrigir o curso das experiências. Como demonstraremos, a educação do operariado se realiza por uma rede de iniciativas que se conjugam produzindo um conjunto de ações educativas; rede plural nas estratégias que utiliza e unificadora a partir dos princípios que adota.

A escola é apenas uma das formas possíveis de educação. Na vida, reside a educação por excelência. Ela é o espaço de encontro entre os homens, espaço em que se constroem as relações e onde inscreve-se o trabalho como fonte de todo aprendizado. Espaço onde o homem se humaniza ao satisfazer suas necessidades, onde compreende o sentido da solidariedade.

1 PENTEADO, Jacob. *Belenzinho,1910 (Retrato de uma época)*. São Paulo: Martins, 1962.

Educar é ação distinta de instruir. A educação só se realiza socialmente, estando, portanto, intimamente vinculada às atividades que os homens executam e com o tipo de relação que mantêm com os outros homens.

Educar, além de possibilitar o domínio de conhecimentos vários, consiste em dotar o sujeito da capacidade de tornar-se autônomo, de decidir sobre a vida, de realizar-se audaciosamente, pautado nos valores da solidariedade e da liberdade, onde a moral se constrói em respeito a eles, na convivência entre os grupos.

A preocupação com a educação do proletariado no jornal é permanentemente verificada, pois trata-se de erigir a solidariedade e a liberdade como valores; significa subverter a ordem "natural" em que foi instalada a desigualdade, a submissão, a exploração de uns sobre outros. Essa "ordem natural", temperada de explicações teológicas, e herdeira de tradições feudais ou escravocratas, constituía-se na muralha a ser destruída. No enfrentamento da luta cotidiana, consolida-se a educação do operário e por esta razão, a vida, repleta de suas contradições, transforma-se no *locus* privilegiado da ação.

A instrução, o domínio de conhecimentos vários, o domínio da linguagem e da boa oratória, ocupam lugar importante nesta educação; no entanto, para os revolucionários anarquistas, ela é instrumental, não encerrando valor em si mesma. Os saberes devem servir ao homem, auxiliando-o a compreender o mundo que o rodeia, a compreender o funcionamento da natureza; devem guardar a memória da história dos homens. Os saberes devem poder dar consciência à "inteligência e ao braço"; pensar e fazer conscientemente são as máximas desta educação que se busca.

O primeiro portador da tarefa de educar é o próprio jornal, no processo de sua materialização, no uso de dispositivos textuais diversos, em sua circulação, em sua leitura. Neles os textos veiculam informações, propõem práticas, analisam conjunturas, constroem valores, autorizam o aparecimento de pensamentos novos.

Estes mesmos textos, em sua dinâmica própria, nos falarão sobre educar e instruir, nos mostrarão parte do jogo das apropriações, se efetuadas em outras estratégias operárias de educar-se e instruir-se.

Mastro Alfonso falava em armas de fogo para a conquista da liberdade. *Le armi, a scopeta,* deixando transparecer o cansaço da luta e a crença de que talvez, não houvesse mais tempo para esperar que uma intensa obra de educação popular resultasse na "nova sociedade" esperada. Talvez Mastro Alfonso não tivesse entendido ainda que *le armi,* as armas, estavam já sendo utilizadas. A organização operária em sindicatos, ligas de resistência, eram o nascimento das sociedades de produtores; a revolução em gestação. Era necessário nutrir estes organismos tão frágeis, torná-los fortes e conscientes de sua força, aglomerar o quanto possível os operários em torno deles.

No entanto, Mastro Alfonso, assim como a massa proletária, trabalhava de estrela a estrela, não restando muito que não fosse a luta pela garantia da vida. Um outro arsenal necessitava ser dominado pelo proletariado: a consciência, os valores da solidariedade, da liberdade, armas tão poderosas que uma vez de posse delas, nada mais há que possa separá-las de seus possuidores, pois que passam a fazer parte deles no pensamento e na ação.

Sob pena de reproduzir, em novos moldes, a dominação de uns sobre outros é que os *semeadores* se veem arautos de um tempo que virá e, incansavelmente, preparam essa chegada. A obra da educação coloca-se como tarefa fundamental para a construção da sociedade nova.

As questões de educação no jornal surgem sempre ligadas às críticas a religião e ao militarismo; a educação é o único elemento capaz de enfrentar os preconceitos cultivados pelo Estado e pela Igreja, principais sustentáculos da exploração. O monopólio da educação, seja pelo Estado ou pela Igreja, torna-se fator de eternização da ordem, pela reprodução dos valores que representam.

Inserem-se na órbita da educação do Estado suas escolas, o serviço militar, seus dispositivos de controle social, corporificados na polícia, na imprensa burguesa e, finalmente, nas leis, regulamentos e no próprio parlamento.

De outra parte, a Igreja estende seus domínios para além das escolas que sustenta, multiplicando sua ação "nefasta" pelos templos espalhados pelas cidades, onde os rituais religiosos se reproduzem, alimentando continuamente a "fé como inimiga da razão", apoderando-se não apenas da educação da infância, mas incutindo nas mulheres aqueles preconceitos que se estenderão sobre a sociedade de maneira subterrânea, independentemente de uma ação direta sobre cada indivíduo.

É assim que a educação vem tematizada no jornal e até o episódio do fuzilamento do educador Francisco Ferrer, na Espanha em 1909; sua recorrência obedece à mesma lógica de aparecimento das questões anticlericais e antimilitaristas, em favor de uma educação popular a ser realizada principalmente pelas organizações operárias, conforme aconselhavam as resoluções do 1º Congresso.[2]

Numa crítica aos republicanos, surge um alerta ao perigo religioso:

---

2 PINHEIRO, Paulo Sérgio & HALL, Michael M. *Op. cit.* p. 41-58. Sobre os episódios da morte de Francisco Ferrer, veja-se Número especial dedicado aos acontecimentos de Hespanha e a obra de Ferrer. Comissão contra a rea-

> Dissipar a ignorância, instruir: tudo consiste nisto. Todas as mentiras sociais e a mentira religiosa em particular, subsistem unicamente graças à ignorância da massa. E tudo que não tenha por objeto dissipar a ignorância da massa de nada servirá. Se os republicanos quisessem seriamente, o perigo religioso desapareceria no espaço de uma geração. Ainda no estado atual de coisas, e servindo-se dos meios governamentais seria possível fazer dar à evolução humana um passo gigantesco. Bastaria dar instrução a todas as crianças indistintamente até a idade de vinte anos e assegurar a sua subsistência durante esse tempo. Uma geração de homens e mulheres educados nas teorias científicas modernas estaria pouco inclinada a entregar o seu dinheiro aos padres. Isto seria inevitável. Mas também não teriam inclinação alguma para ir ao quartel e à oficina, para deixar sem reclamação, nas mãos dos outros, a sua parte de terra e riquezas que lhes pertencem. Significaria a revolução social em breve prazo e isto não o desejam os republicanos atuais. Preferem deixar o povo na ignorância e regulamentar a existência das congregações...[3]

O perigo religioso não se encontra no clero, mas no crente: o perigo está naqueles que "acreditam na concepção criadora do universo e da autoridade, que é a sua consequência". O pensamento, impermeável às explicações racionais, constitui o maior entrave à revolução. A popularização dos saberes das ciências, realizada

---

ção hespanhola. Rio de Janeiro, Estab. Graphico Canton & Beyer, 13 de novembro de 1909. *A Voz do Trabalhador*. Ano VII, Nº 48 (fevereiro/1914).

3 Benè Chaughi. O perigo religioso. *A Voz do Trabalhador*. Ano I, Nº 3 (agosto/1908).

de maneira laica, por si só transformaria a compreensão sobre as coisas e causaria mudanças não apenas na esfera das crenças religiosas, mas se estenderia para domínios mais amplos, incluindo o da produção capitalista.

A Igreja, portanto, serve ao capital na medida em que estimula sentimentos humanos escravizados a dogmas que controlam as ações e fornecem as explicações necessárias à aceitação da desigualdade. O Estado, por seu termo, oferece à infância uma educação que nutre sentimentos pátrios, que constrói uma moral de resignação e implanta o modelo do bom cidadão trabalhador que a tudo se submete e aguarda a justiça das leis; o sentimento do dever e do respeito hierárquico são cultuados como preceitos sagrados. Realiza a educação do soldado de modo a formá-lo nas escolas do "crime", vistas pelos anarquistas como local de degeneração e corrupção do indivíduo pelo tratamento a que estão submetidos; transformam-se em "inimigos do povo", pois:

> ... Deixam de ser homens quando se fazem soldados. São autômatos formados em batalhões, numerados e animados por uma vontade que não é a sua própria vontade. A obediência passiva é a sua maior virtude e uma submissão cega ao amo, de quem são joguetes e escravos, constituem o seu ideal de honra (...). Estando sempre sob o férreo jugo do despotismo, acabam por olhar com horror a quem quer que seja que ame, viva e morra pela liberdade...[4]

4 Miguel Bakunine. Militarismo Profissional. *A Voz do Trabalhador*. Ano I, Nº 11 (maio/1909).

O primeiro Congresso Operário, ao considerar que o ensino oficial apenas incutia nos educandos ideias e sentimentos que fortalecem as instituições burguesas, e, portanto, contrárias às aspirações de emancipação proletária, aconselha aos sindicatos operários que, auxiliados pelas federações locais, fundem escolas apropriadas à educação de seus membros. Várias iniciativas têm início. Escolas são instaladas em casas alugadas pelos sindicatos, ou nas suas próprias sedes, abrigando cursos diurnos e noturnos, onde, predominantemente, faz-se o ensino das primeiras letras. Os professores destas escolas, bem como as bibliotecas sindicais, transformam-se em alvo da polícia durante os assaltos que pratica. Durante a greve dos vidreiros em São Paulo, em setembro de 1909, a polícia escolheu para alvo de suas perseguições o professor Edmundo Rossoni, que trabalhava na Escola Racionalista, sustentada pela Liga dos Vidreiros.

> ...Nos primeiros dias da greve faziam-no ir diariamente à presença do delegado. No domingo, 3 de outubro, quando os grevistas realizavam uma festa familiar, apareceu um piquete de 15 esbirros a cavalo, alguns deles embriagados e sem mais nem menos espadeiraram todos quantos se achavam na rua, cercando depois a casa onde se realizava a festa. Entre os presos achava-se Rossoni; todos os outros foram postos em liberdade menos ele. Então Benjamim Mota impetrou habeas-corpus, mas a polícia negou que Rossoni estivesse preso. Consta à ultima hora que a polícia anda escondendo o preso, porque pretende expulsá-lo...[5]

5 Esoj Oremor. Movimento Operário em São Paulo. *A Voz do Trabalhador*. Ano II, Nº 19 (outubro/1909).

Em dezembro de 1909, *A Voz do Trabalhador* noticia sua expulsão. São Paulo é então chamada ironicamente de baluarte dos civilistas. Mais uma vez "rasgava-se a Constituição" atentando contra a liberdade de um homem.

> ...As causas da expulsão? Oh! Eram graves, muito graves. Rossoni cometeu um crime horrendo, um delito imperdoável: dedicava-se a instrução racional da infância, ministrava aos filhos dos operários um ensino livre de preconceitos patrióticos e religiosos. E o governo não podia tolerar semelhante coisa. Ele quer preparar para o porvir escravos submissos que obedeçam humildemente as prepotentes ordens dos Prados e não homens conscientes como os que o companheiro Rossoni preparava (...) Mas a lei, quando quer condenar e não tem motivos, inventa-os. Foi o que fez com Rossoni. Acusou-o de agitador, promotor de greve, etc, expelindo-o do país como se fosse um ser nocivo e perigoso para a sociedade (...) um homem atravessava as ruas da capital federal, entre um grupo de esbirros e era expulso do país por professar ideais de liberdade, por incitar os trabalhadores à instrução e pregar a prática da solidariedade e do amor entre os seres humanos!...[6]

Da mesma forma, a Federação Operária de São Paulo tem sua sede invadida e roubados a mobília e os livros; em Santos, estes assaltos são frequentes e neles, destaque-se, destroem-se as bibliotecas.[7] A morte de Francisco Ferrer intensifica o aparecimen-

6 Manoel Moscoso. A justiça Republicana. *A Voz do Trabalhador*. Ano II, Nº 21 (dezembro/1909).

7 Esoj Oremor. Movimento Operário em São Paulo. *A Voz do Trabalhador*. Ano II, Nº 19 (outubro/1909).

to, no jornal, de temas ligados à educação; alteram-se também as preocupações das organizações operárias no sentido de orientar sistematicamente esta educação. Surge a necessidade de traçar suas linhas gerais e colocá-las em prática e este projeto será configurado em 1913, no 2º Congresso Operário.

Já durante a preparação do segundo congresso, são propostos temas a serem tratados e, dentre eles, a educação proletária, seu princípio e forma. Durante o Segundo Congresso, são aprovadas as seguintes resoluções quanto à educação:

> DÉCIMO PRIMEIRO TEMA: 'EDUCAÇÃO E INSTRUÇÃO DAS CLASSES OPERÁRIAS' MOÇÃO APROVADA'
>
> Considerando que a instrução foi até uma época recente evitada pelas castas aristocráticas e pelas igrejas de todas as seitas, para manterem o povo na mais absoluta ignorância, próxima à bestialidade, para melhor explorarem-no e governarem-no;
>
> Considerando que a burguesia, inspirada no misticismo, nas doutrinas positivistas e nas teorias materialistas, sabiamente invertidas pelos cientistas burgueses, os quais metamorfosearam a ciência segundo os convencionalismos da sociedade atual, e monopolizaram a instrução, e tratando de ilustrar o operariado sobre artificiosas concepções que enlouqueceram os cérebros dos que frequentam as suas escolas, desequilibrando-os com os deletérios sofismas que constituem o civismo ou a religião do estado;
>
> Considerando que esta instrução é ministrada juntamente com a educação prática de modalidades que estão em harmonia com a instrução aplicada;

> Considerando que esta instrução e educação causam males incalculavelmente maiores do que a mais supina ignorância e que consolidam com mais firmeza todas as escravizações, impossibilitando a emancipação sentimental, intelectual, econômica e social do proletariado e da humanidade;
>
> Considerando que este ensino baseia-se no sofisma e afirma-se no misticismo e na resignação;
>
> este Congresso aconselha aos sindicatos e às classes trabalhadoras em geral, tomando como princípio o método racional e científico, promova a criação e vulgarização de escolas racionalistas, ateneus, revistas, jornais, promovendo conferências e preleções, organizando certames e excursões de propaganda instrutiva, editando livros, folhetos, etc - João Crispim e Rafael Serrato Munoz, da Federação Operária de Santos – Antonio Venosa, do Sindicato dos Pedreiros e Serventes de Santos, Artur Conde do Sindicato dos Canteiros de Ribeirão Pires , Pedro Vila do Sindicato dos Trabalhadores em Fábricas de Tecidos do Rio'.
>
> Esta moção foi aprovada com o seguinte aditivo:
>
> 'Propomos que, além de escolas racionalistas, seja aconselhada a criação de cursos profissionais de educação técnica e artística – José Romero do Sindicato Operário dos Ofícios Vários, de SP. – Astrojildo Pereira, de O Trabalho, de Bagé' "[8]

Verifica-se a maturidade no tratamento dado à educação neste 2º Congresso, em comparação às deliberações do primeiro, que se resumiram em aconselhar a criação de escolas. Durante o 1º

8 As Resoluções do Segundo Congresso Operário Brasileiro. *A Voz do Trabalhador*. Ano VI, Nº 39-40 (outubro/1913).

Congresso, as orientações quanto à educação e instrução focalizaram, principalmente, a crítica ao ensino oficial, como contrário à emancipação proletária, aconselhando aos sindicatos e organizações a manutenção de escolas laicas para os sócios e seus filhos.[9] Neste momento, as indicações quanto aos princípios e formas a serem desenvolvidos, além de lançar mão de novos recursos educativos como a criação de jornais, revistas, conferências, vêm estreitamente ligadas àquelas que dizem respeito à propaganda do sindicalismo.

Como sétimo tema do congresso, discutiu-se "Meios a empregar na propaganda do sindicalismo". Esta propaganda deverá realizar-se através de jornais, folhetos, conferências, excursões de propaganda, representações teatrais, criação de bibliotecas. Tratava-se de mobilizar todas as formas possíveis que pudessem contribuir com a emancipação proletária. O reaparecimento do jornal *A Voz do Trabalhador*, em janeiro de 1913, anuncia seu projeto, que será solidificado pela educação e pelo conhecimento prático da luta; eles prepararão o espírito de revolta... "incapaz de uma submissão, apto em todas as emergências para formar no concerto diário e ininterrupto que vem atravessando fronteiras, pondo acima de todas as conveniências pátrias, de todos os direitos burgueses e todas as convenções políticas partidárias, o direito insofismável da massa produtora, elevando a sua causa, despertando todas as atenções para quando surgir a hora da alforria final"... [10]

A educação dos operários se realizará nos sindicatos, no aprendizado da luta e da resistência em torno dos interesses da clas-

9 Veja-se As Resoluções do Primeiro Congresso. *A Voz do Trabalhador*. Ano VII, Nº 48 (fevereiro/1914).

10 Aqui estamos. *A Voz do Trabalhador*. Ano VI, Nº 22 (janeiro/1913).

se, desenvolverá a solidariedade nascida da comunidade destes mesmos interesses, livre do medo da luta solitária, fadada ao fracasso.

> ...É sobretudo nos sindicatos que se faz a educação moral dos operários: dignidade individual, simpatia e solidariedade. Esta educação realiza-se pelo exemplo e pelo contágio que dele resulta: aprendem, afoitam-se a não curvar a cabeça, a não ter medo. Todos os dias as greves põem em prática a solidariedade e a revolta, e é por isso que as greves, ainda que parciais, ainda que devendo acarretar notificações imediatas muito precárias, parecem úteis e necessárias para a educação da solidariedade e para a educação da revolta...[11]

O sindicato tem, como um de seus fins, a educação do proletariado, visando sua emancipação integral. Não constitui essa educação em construção idealista, mas em um fazer já, imediato, na guerra cotidiana instalada pela luta da sobrevivência. A organização sindical constitui-se em "escola prática de luta do escravo contra o senhor"

> Agrupação constituída por homens do trabalho, que acossados pelo estado de coisas que aí está, se associam sem distinção de raça, cor, nacionalidade, religião, ou ideia política, para que, de um modo mais prático e decisivo possam combater pujante e conscientemente, as condições impostas pelos senhores que tudo consomem e nada produzem.
>
> Escola prática de luta do escravo contra o senhor. Encaminhadora do operariado para os conhecimen-

11 M. Pierrot. Sindicalismo. *A Voz do Trabalhador*. Ano VI, Nº 23 (janeiro/1913).

> tos sublimes do problema humano, das grandes teorias semeadas pelos maiores sábios e sociólogos do mundo – as teorias do "homem livre sobre a terra livre" – isto é, o puro sentimento humano.
>
> É a organização moderna, a organização sindicalista, dentro da qual se desenvolve o sentimento de solidariedade, e a prática da luta pela ação direta, isto é, agir sem a intervenção de elementos estranhos aos nossos sofrimentos, nas nossas questões com os patrões, e, ainda, a educação racional dos trabalhadores, que vivem obscurecidos pela leitura dos jornais burgueses, de romances tolos, poesias carnavalescas e abobalhadas, pelo falso sentimento do patriotismo, no qual está a sua desgraça maior...[12]

As mulheres são chamadas a emanciparem-se, deixando de lado o esforço de parecerem agradáveis aos homens nas aparências, pois os homens, apesar de curvarem-se ante às futilidades com que adornam o corpo da mulher, negam-lhes o direito de ocupar as tribunas populares. As mulheres devem estar prontas para discutir as questões político-sociais, animando a luta contra os opressores.

> ...O alto fim para o qual queremos a mulher emancipada, que é educar os filhos, de modo que sejam os edificadores da sociedade equitativa de amanhã. Queremos ver a mulher útil, emancipada, desprovida de todos os preconceitos que flagelam a sociedade atual e por isso fazemos a crítica das doutrinas que a afastam das lutas econômicas. Queremos ver a mulher emancipada moralmente, (...) tornando-

12 Santos Barbosa. A organização. *A Voz do Trabalhador*. Ano VI, Nº 33 (junho/1913).

> -se companheira inteligente do homem, para que o possa animar na luta que ele empenha contra seus opressores (...) A mulher proletária deve revoltar-se contra a sociedade atual, que condena seus filhos à miséria e vagabundagem e o marido à decadência física e moral, devido ao brutal trabalho.[13]

Não obstante ser a educação ou a instrução, por si só, possibilidade latente de rebeldia, abandonada aos interesses burgueses faria tão somente eternizar o jugo dos exploradores. É necessário que os próprios proletários cuidem da educação e se emancipem, garantindo assim, que as gerações mais jovens possam gozar de uma sociedade de iguais. O ideal de educação constitui-se também em matéria de debate entre os livres pensadores das correntes socialista e anarquista. Enquanto para os anarquistas a instrução constitui-se em arsenal para a luta, a ser dominado no próprio movimento de emancipação, para aqueles é quase sempre protocolo que autoriza a possibilidade de mudança. As iniciativas educacionais praticadas pelos socialistas, no início do século, vinham marcadas por uma *filosofia reformista* da sociedade até a Primeira Guerra. No Rio de Janeiro, o movimento socialista se compunha de "gente letrada e idealista"; mas, distante da vivência operária, tendeu a apoiar políticas conciliatórias entre o operariado e o Estado. Faziam denúncia da falta de escolas para os operários, e possuíam um amplo programa de reivindicações que incluía escola pública básica para todos, numa clara valorização de instituições escolares que ministravam conteúdos científicos tradicionais. A aceitação de subvenções do governo para a manu-

13 A's Mulheres Proletárias. *A Voz do Trabalhador*. Ano VI, Nº 38 (setembro/1913).

tenção de escolas e as preocupações formais para com o ensino os distanciava das iniciativas anarquistas.[14]

Em resposta dada a artigo publicado na Coluna Operária do jornal *A Época*, que criticava os homens que protestavam sem conhecimento profundo dos grandes teóricos, e endereçando estas críticas aos anarquistas, Lebindo Vieira comenta:

> ...seu autor, por vaidade ou inconsciência, forma conceitos por demais incoerentes com as ideias que diz esposar.
>
> Os homens, disse Lagardelle, classificam-se pelos seus atos, e não pelas etiquetas doutrinárias. (...) Segundo o pensar do nosso grande homem, o desgraçado trabalhador, que não ganha para comer e que não tem outras horas de descanso senão as que vai atirar o corpo a uma mansarda para voltar daí a pouco ao trabalho estenuante, deve ler grandes obras (nada de pequenos compêndios), conhecer muito bem gramática, escrever com estilo, etc. Se não souber tudo isso não terá o direito de manifestar-se; as palavras e conceitos que esarar não terão importância (...) A instrução só se difunde no seio dos trabalhadores à medida que estes vão avançando no campo de sua emancipação; assim, pois, examinando através dos tempos as condições sociais e econômicas e confrontando-as com as de hoje, vemos que pouco têm evoluído mudando apenas de rótulo e de forma; permanecendo, porém, com as mesmas bases: – opressão e miséria. Assim sendo, e uma vez que

14 Sobre a atuação dos socialistas, veja-se DIAS, Everardo. *Op. cit.* Sobre as iniciativas escolares socialistas veja-se GHIRALDELLI JR., Paulo. *Educação e Movimento Operário no Brasil.* São Paulo: Cortez, 1987, p. 87-100.

a liberdade continua a ser privilégio, claro está que a instrução também o será e somente deixará de o ser quando não mais subsistam os esteios da sociedade atual. Procurar demonstrar o contrário é abjurar dos próprios ideais. Isto são deduções simples e claras, não necessitando recorrermos à opinião de prosaicos escritores que devem ter servido de travesseiro ao grande mestre. – Se a maioria dos trabalhadores desconhece por completo as teorias de Proudhon, Stablatter, Ibering, ou do aristocrático Spencer, não é culpa sua como lha quer imputar Paepino, mas sim dos grandes senhores que, como vemos, tornam cada vez mais corrompido e asfixiante o ambiente social em que vivemos.

Por conseguinte, devemos admitir a manifestação ampla de todo indivíduo, sem lhe indagarmos de onde vem, se é sabichão ou ignorante, competindo tão somente aos mais lúcidos, com carinho e amor, aventar e assimilar que a experiência lhe haja sugerido, que assim surgirá em todos os cérebros a noção de razão e consciência. Para que o trabalhador possa protestar contra a camarilha que o oprime e deformiza (...) para que possa analisar sua situação e, bem assim, ter ideia da opressão e sua origem, não é preciso buscar regras de sintaxe nem tampouco compulsar economistas cujas concepções, na maior parte das vezes, não passam de meras fantasias criadas por cérebros despreocupados que jamais sentiram e auscultaram as misérias sociais...[15]

15 Lebindo Vieira. É necessário conhecermo-nos a nós mesmos. *A Voz do Trabalhador*. Ano VIII, Nº 68 (março/1915). O artigo vem seguido de nota da redação que esclarece que a resposta foi levada ao Jornal *A Época* e recusada, razão pela qual foi publicada n*a Voz do Trabalhador*.

A crítica à formação dos próprios militantes também não deixava de existir. Um anarquista argentino, propôs em certa ocasião, que se operasse uma "seleção" entre os anarquistas, pois não deviam ser considerados como anarquistas os que, "por falta de conhecimentos ou energias, não propagavam as ideias com suficiente esclarecimento e não eram com elas bastante coerentes".

Um outro camarada respondeu aceitando a proposta, "mas com a condição de que o proponente fosse o primeiro a ser submetido a um rigoroso exame (...) para ver se podia tirar o diploma de anarquista..."

Ao comentar o evento, João Crispim, militante anarquista, responde que, se assim fosse feito, com a prolixidade da sindicância chegariam a eliminar de seu meio todos os anarquistas, posto que não seria possível encontrar nenhum imaculado, pois momentos de indecisão e fraqueza podem predispor a involuntárias faltas, obrigando a proceder contra os ideais ... "Deixemos, portanto, que venham ao nosso meio todos os que simpatizam com as nossas ideias, sem por isso nos esquivarmos de laborar pela pureza dos nossos princípios"...[16]

Chama a atenção para a necessidade de tomar as coisas como elas são e não como gostariam que fossem. Grande esforço pode ser verificado no sentido de fazer congregar todas as forças em atividade, todas as contribuições para atingir o fim da emancipação tentando-se expurgar as questões que naquele momento colocavam-se perifericamente em relação ao que de fato era vital, ou seja, a organização operária num contexto de disputa e adversidades políticas e econômicas.

---

16 João Crispim. O anarquismo no sindicato. *A Voz do Trabalhador*. Ano VII, Nº 64 (novembro/1914).

Uma educação desmistificadora dos sofismas que se tentam implantar como verdades entre os operários é buscada. Uma educação racional vem apontada cada vez mais explicitamente no jornal até que assume o status de orientação para todas as organizações operárias no segundo Congresso.

Racionalista deveria ser a educação feita nos sindicatos e organizações operárias. Apenas por meio do ensino racionalista se conseguiria derruir os dois grandes fatores principais do atraso físico, moral e intelectual – a política e a religião.

> Os trabalhadores emancipados de todos os preconceitos sociais hão de ser a grande e potentosa alavanca que pela destruição de todas as crenças políticas e religiosas, hão de edificar sobre suas ruínas oscilantes, de uma sociedade corrompida, o estandarte da liberdade sem a qual não pode haver harmonia. O operário emancipar-se-á quando queira, pela inteligência e pelo esforço, conquistar e utilizar aquilo que através dos séculos outros consumiram e que ele só, com os seus sofrimentos e dores, iniciou, argamassou e produziu sobre a terra.[17]

Entende-se que, se os operários forem autônomos na análise destas ofertas miraculosas de solução para o problema social, – como a crença nos representantes do operariado no parlamento, na política e nas leis – poderão libertar-se. Se instruídos nos saberes das ciências, conseguirão lutar conscientemente contra seus reais inimigos e não mais permitirão o florescimento de uma organização social construída para escravizá-los. "O sindicato que

---

17 Elvira Fernandes. Ao Proletariado I. *A Voz do Trabalhador*. Ano VI, Nº 34 (julho/1913).

sistematiza a ação de todos, é uma escola de vontade e energia pessoais e coletivas, e nele se desenvolve e se solidifica a consciência da inteligência e do braço"... [18]

A educação racional é entendida também como necessária à convivência inteligente no interior das organizações, fazendo superar os sentimentos de ofensa que surgem dos embates de ideias e que transformam-se, por vezes, em agressões que não só produzem a discórdia, calúnias, insultos, ameaças, mas que servem apenas aos interesses patronais em prejuízo da classe de produtores.

> ...São casos que se dão diariamente e que acabam por criar entre os próprios operários, uma série de adversários do nosso movimento. E isso se evitaria instruindo-se os trabalhadores uns aos outros, instalando-se bibliotecas e cursos racionalistas e profissionais, de onde brotarão consciências verdadeiramente emancipadas.[19]

Os operários são chamados a deixar o *foot-ball* e virem para as associações onde receberão a educação apropriada para o enfrentamento da luta. Num chamado aos operários das fábricas de tecido de Petrópolis que, encontravam-se sem pagamento há meses em decorrência da crise do trabalho – com o fechamento de várias fábricas e a redução dos dias de trabalho em outras –, a questão assim se coloca:

> ...Parece-nos, porém, que tendes medo de vos honrardes raciocinando sobre os vossos próprios interes-

18 Os comícios semanais da FORJ. *A Voz do Trabalhador*. Ano VIII, Nº 66 (janeiro/1915).

19 M.T.Franco. Palavras Dum Explorado. *A Voz do Trabalhador*. Ano VI, Nº 41 (outubro/1913).

> ses ou será talvez, a insignificante quantia de mil réis que vos espanta, mas que gastais em outras circunstâncias, em dano de vossa saúde tais como: bebidas, nos bilhares, nos botequins ou no *foot-ball*!
>
> Deixai, companheiros, estes vícios, e uni-vos porque assim podereis fazer alguma coisa de útil para nós e para o futuro de nossos filhos que necessitam de escolas racionalistas, destas que tanto espantam a burguesia e a clericalha da estampa de Frei Pedro & C.
>
> Não vedes, companheiros, que esses parasitas temem esta associação e principalmente a escola racionalista? E por que a temem? Porque sabem que se elas se multiplicarem por toda a parte, espalhando a verdadeira educação que convém ao proletariado e não a que temos recebido nas escolas do governo ou do clero, saberemos nos emancipar, derrubando estas malditas instituições que pesam sobre nossos ombros...[20]

A educação sindical e luta operária
Centros de estudo e grupos culturais

A educação racional nos sindicatos realiza-se, sobretudo, a partir das leituras de livros, jornais, folhetos, das conferências, do debate sobre as questões que se colocam como prioritárias em cada momento. Realiza-se, ainda, através de Centros de Cultura Operários, relacionados sempre àquelas organizações e muitas vezes a partir de eventos efetivados conjuntamente.

Quase que como apêndices dos sindicatos, funcionam os Centros, numa variedade de denominações que a eles se se-

20 De Petrópolis. Um vosso companheiro. *A Voz do Trabalhador*. Ano VII, Nº 49 (fevereiro/1914).

guem; Centro de Estudos Sociais, Centro Operário, Centro dos Operários "tais", Centro Cosmopolita, Centro dos Sindicatos. As funções que assumem são eminentemente de caráter formativo, como a criação de escolas, bibliotecas, promovendo a propaganda sindical através de conferências, palestras, festas em benefício de jornais, periódicos, organizações operárias.

No entanto, destacam-se no acompanhamento das questões políticas e de defesa do operariado, aglutinando manifestações de solidariedade, dando encaminhamentos jurídicos, intercedendo em favor de companheiros presos ou perseguidos.

Um exemplo é a ação do Centro de Estudos Sociais, no caso da prisão de Adolfo Anta, encarcerado desde setembro de 1908, em Santos-SP, por ter solicitado à polícia licença para realizar comício de protesto à expulsão. Posteriormente transferido para o Rio de Janeiro, consegue ser posto em liberdade apenas em maio de 1913.

> Mais uma demonstração da eficácia da ação popular (...) relatemos os fatos. O Centro de Estudos Sociais, dando uma bela prova de atividade e energia, decidiu lutar sem tréguas, até ver em liberdade o nosso camarada Adolfo Anta, honrado trabalhador que apodrecia nos calabouços dessa democratíssima República, vítima da prepotência dos "torquemadas" e escravocratas que dominam o Brasil. (...) desde o dia 17 do mês passado, iniciou a luta, recorrendo primeiro aos recursos legais (...) Fez-se então, uma petição de habeas-corpus. Falhou. Anta continuava preso (...). Vai o Centro, e convocou uma reunião das organizações sindicalistas. Resolveu-se agitar a

> opinião pública. Anunciou-se um comício (...). Foi tiro e queda: Anta foi solto![21]

Um outro exemplo é o comício convocado pelo Centro de Estudos Sociais em conjunto com a Confederação Operária e outras organizações, em protesto pela prisão de Adolfo Anta por quatro meses e o sumiço de Joseph Jubert, companheiro de Sorocaba, desaparecido desde sua prisão por ter respondido no jornal *O Operário*, em defesa aos ataques do bacharel Otavio Moreira Guimarães contra o proletariado organizado de Sorocaba. No comício, a polícia de São Paulo foi criticada pelas violências praticadas. Enquanto Zenon de Almeida, o orador, falava, os "belequins" sobre ele saltaram, instalando-se o conflito com pancadaria e novas prisões.

> ...Um segundo comício foi convocado para o dia seguinte (...) A praça encheu-se apesar do aparato militar. O povo estava decidido a responder ao pé da letra as provocações da polícia (...). As doutrinas libertárias foram abertamente apontadas ao povo como as únicas capazes de resolver o problema social. Passava das seis horas e a multidão retirou-se calmamente, em perfeita ordem, aos – vivas a Anarquia! (...) ardorosos e entusiastas.[22]

Os Centros eram instâncias de apoio às lutas travadas, em especial durante as greves, ocasião em que se colocavam em aler-

21 Mais uma Vitória da Ação Popular. *A Voz do Trabalhador*. Ano VI, Nº 31 (maio/1913). Sobre a prisão de Adolfo Anta, veja-se as edições de Nº 8 (1909), Nº 26 e 29 (1913).

22 *Idem*. Sobre a prisão de Joseph Juber, veja-se *A Voz do Trabalhador*, Nº 29 (abril/1913), Nº 31 (maio/1913) e Nº 38 (setembro/1913).

ta. O episódio da greve de tecelões na fábrica Cometa, em 1913, elucida o tipo de ação do Centro Operário.

Os operários da Tecelagem Cometa, após longo período de greve, obtiveram vitória parcial, conquistando meia hora menos na jornada e pagamento por metragem, incluindo as frações anteriormente não pagas. Alguns operários, no entanto, estavam dispostos a continuar a luta, tentando a greve geral dos tecelões em protesto à reabertura da fábrica. Buscaram solidariedade em outra fábrica e tendo a adesão daqueles companheiros, paralisaram o trabalho na tecelagem Santa Isabel. Quando se dirigiam a uma terceira fábrica, os operários foram emboscados e três foram presos.

> ... Para a soltura dos presos foi requerido um habeas-corpus, indo também a noite à delegacia uma grande comissão de operários, munida de um ofício do Centro Primeiro de Maio. O delegado feito as pressas, olhou o ofício e sentenciou: "quem escreveu isso é que eu queria prender, este tal Cecilio ou Galileu Lara, que vem lá de baixo. Eu, porém, vos aviso que não quero mais ninguém aqui da Confederação. Se continuarem a vir eu fecho o Centro, pois aquilo não é mais Centro Operário, é Centro anarquista. Lá só recebem jornais anarquistas". Ao ouvir estas palavras o secretário do Centro deu ao delegadete *A Voz do Trabalhador*. Segundo dizem o mesmo ficou tiririca ao lê-lo. No dia seguinte foram postos em liberdade os três nossos companheiros pois a Confederação já se preparava para agir (...) o resto da semana a polícia limitou-se em perseguir o nosso companheiro Galileu Lara (...) Sabendo que o delegadete de Petrópolis, tão elogiado pela imprensa burguesa, ameaça os operários com o fechamento do Centro,

> unicamente para amedrontá-los, concorrer para a sua dissolução, cumprindo assim o dever de cão fiel na guarda do capital, cumpre-nos dizer algo. O senhor delegado deve conhecer o artigo 72 da Constituição da República, que garante a liberdade de reunião e associação sem armas, e deve saber, neste caso, que cometerá um ato vandálico, atentando contra essa liberdade de imprensa e por isso os operários podem ler os jornais que lhes aprouver, sejam eles monarquistas ou anarquistas, e nem o senhor delegado nem ninguém tem coisa alguma com isso, pois a pasta da instrução não lhe foi confiada e mais a mais, só nós operários é que sabemos o que devemos fazer.[23]

Os Centros exercem, ao mesmo tempo, o papel de lugar privilegiado de cultivo de uma cultura operária e de assessoria ao movimento sindical, caracterizando-se como "campo neutro" por estar formalmente fora do embate sindical, reservando para si tarefas "mais nobres" como as de instrução e de cultura, que poderiam comprometer a saúde dos sindicatos. Na medida em que a opção filosófica de sua atuação era confessa, não raramente poderiam ocorrer contendas desnecessárias e estranhas ao objeto privilegiado de lutas dos sindicatos, que em tese, são as questões econômicas e de defesa geral do proletariado.

Estas iniciativas exigem também grande esforço de seus organizadores, pois a formação do operariado só pode realizar-se nos poucos momentos de descanso que têm, competindo, portanto, com todos os demais interesses do proletariado; a educação realizada nos sindicatos responde às necessidades da ação organi-

23 Zenom. Ecos da greve de Petrópolis. *A Voz do Trabalhador*. Ano VI, Nº 34 (julho/1913).

zatória, da prática das lutas, baseada em princípios expressos já na ação. Os centros realizam uma tarefa de formação teórica daqueles princípios a partir das conferências, debates, leituras e outras atividades. Joaquim de Mattos, operário das pedreiras, ao discutir com os colegas sobre a falta de solidariedade no trabalho e em defesa das oito horas de trabalho argumenta:

> ...Os patrões, que tão bem sabem aproveitar da nossa estúpida ignorância, nos pagam só o necessário, para irmos produzindo (...) E o que ocasiona isto não é mais nem menos do que a falta de compreensão e de estudo. Se nós não temos tempo pelo excesso de trabalho, como havemos de empregar algumas horas para nos instruirmos se elas são pouquíssimas para o devido descanso? (...) Procurai livros que vos elucidem dos vossos direitos, dos vossos deveres. Procurai-os nos vossos sindicatos que encontrareis...[24]

Os Centros possuem, na sua grande maioria, os mesmos princípios do sindicalismo revolucionário, utilizando os métodos da ação direta em seu campo de atuação, mantendo as agitações e programando eventos importantes à educação do proletariado, aglutinando intelectuais e simpatizantes das correntes libertárias.

> Existe no Barreto, em Niterói uma associação denominada Grupo Operário de Estudos Sociais Jerminal. A denominação é longa, mas é completa, expressiva, transparente: vale por todo um programa (...). Com uma biblioteca, em língua portuguesa, modesta sim, mas sólida, o Grupo Jerminal se acha habilitado a ofe-

24 Joaquim de Mattos. Lembrando e Protestando. *A Voz do Trabalhador*. Ano II, Nº 19 e 20 (out./nov. 1909).

> recer a seus membros excelentes leituras científicas e literárias. E este é seu fito principal: instruir e cultivar o cérebro dos operários. É conduzir o operariado à altura de homem consciente do seu eu e do universo que o cerca (...). Na mesma rua [do Grupo Jerminal] existe também uma poderosa fábrica de fósforos. [Ao lado um terreno baldio] (...) Jogava-se o foot-ball, ali, com o maior dos entusiasmos imagináveis. E eu aprecio instintivamente as pessoas entusiasmadas (...) À sessão do Grupo Jerminal compareceram quatro ou seis homens. Seis homens que nunca jogaram foot-ball (...) E estes homens constataram mais uma vez, que o Grupo ia mal. Não havia sócios, quase não havia dinheiro. Não havia entusiasmo. Apenas os seis homens que o fundaram, e que nunca jogaram foot-ball (...). Os livros lá estavam, no armário, perfilados e desolados, com as lombadas rubras a se oferecerem. A Conquista do Pão (...) Psicologia do Militar profissional (...) Os Enigmas do Universo (...) A Ação Sindicalista (...) O Trabalho (...) A Igreja e a Liberdade (...) Lá fora, no campo, situado ao pé da fábrica de fósforos, os operários jogavam o foot-ball, como o maior dos estímulos imagináveis...[25]

Estes Centros muitas vezes geram Grupos Culturais a eles ligados ou provocam sua multiplicação de maneira mais ou menos espontânea. Também com denominações várias, alguns grupos assumem as mesmas funções dos Centros, a maioria realiza atividades de fato circunscritas à propaganda através do teatro, canto, publicações, conferências, palestras, excursões. A "propaganda"

25 Tristão. Enquanto o povo se diverte. *A Voz do Trabalhador*. Ano VII, Nº 55 (maio/1914).

desenvolvida por estes grupos, diz respeito à tematização de valores e ao debate de aspectos da luta de classes, tratados a partir de um modo específico: encenação de peças (teatro operário), edição de jornais, panfletos, revistas, tradução de obras etc.[26]

Veja-se que o segundo Congresso Operário Brasileiro indica as metas para a propaganda sindical e que elas se realizam muito mais através dos Centros operários e Grupos culturais que diretamente por meio dos sindicatos. Das organizações operárias, excetuando-se a Confederação Operária Brasileira e as federações locais em menor grau, os sindicatos, em geral, timidamente editam jornais de curta duração, que sofrem as intempéries da mobilização, com flutuações constantes na organização. Dentre os sindicatos, há os que mantém em atividade bibliotecas, programação de conferências e outros eventos de propaganda.

Bibliotecas e escolas operárias

Os livros lá estavam,
no armário,
perfilados e desolados,
com as lombadas rubras a se oferecerem…

Na descrição das dificuldades dos Centros de Estudo, a frase de Tristão torna-se quase poética; anima a vida dos livros de uma vontade de dar-se a ler. Suas lombadas rubras oferecem-se, mas

26 Encontramos nas publicações de *A Voz do Trabalhador* cerca de quinze Centros e vinte Grupos Culturais atuantes do Rio de Janeiro, Petrópolis, São Paulo, Santos, Jaú e Pelotas, além de alguns estrangeiros, principalmente portugueses. Dentre eles é curioso o Grupo Hinos Sociais, criado para acompanhar manifestações de protesto. Os grupos dramáticos também recebiam a denominação de Agremiação.

diante da sedução frustrada, permanecem desoladamente perfilados, no armário. Os livros lidos no jornal possuem sempre essa vida, guardam sempre uma parte da liberdade buscada.

> ...Corre por aí, impressa nos jornais e nas nossas revistas, uma gravura sugestiva, que em parte dá uma ideia do momento que atravessamos. É um belo desenho, verdadeiro e completo. Imaginai... Duas épocas. O mesmo campo. Na primeira, o vulto gigantesco do trabalhador está cercado duma chusma de exploradores, que o amarram, que o apertam, que o agrilhoam. Braços, pernas, tronco, cabeça (...) tudo manietado. Os exploradores são insaciáveis. São como os morcegos: chupam o sangue, soprando (...) E são de variadíssimas espécies: há os de casaca, há os de farda, há os de toga, há os de sotaina... O trabalhador está quieto. Não se mexe. Nada (...) Mas tem um livro entre as mãos. Os morcegos zunem-lhe aos ouvidos que aquilo não é um livro: é um veneno maldito (...) O trabalhador continua a estudá-lo, apesar de tudo. Vagarosamente. Aos poucos . Página a página. Lê-o e medita. Medita (...) Relê-o. Olha em volta de si. Repara na chusma de morcegos que o sugam. Repara nos próprios músculos. Compara a própria força e a força dos exploradores. Esta é falsa, é emprestada; e aquela, dele, é real, é natural. Por que pois se submete ele a tal exploração? E o trabalhador medita (...) Resultado: um sacolejão forte e um berro valente. Consciente da sua força o trabalhador arrebenta os grilhões e esmaga, e arremessa para longe, e inutiliza toda a cambada de casaca, de farda, de toga e de sotaina, que o roubava (...) Estava liberto. Pertencia-se a si mesmo. Era ele próprio. Emancipara-se (...) E emancipara-se com

> os próprios músculos. Empregando conscientemente a sua grande e invencível força ...[27]

O livro nesse imaginário, é sempre o livro que instrui, que carrega verdades, que leva à inexorável decisão da revolta; é alimento que fortalece as vontades, banindo a ignorância. Os sindicatos, federações e outras organizações operárias possuem bibliotecas para esse fim. Em geral, contam com obras doutrinárias, de ciências naturais, revistas e jornais operários de várias localidades.

Dentre os cargos existentes nos sindicatos, o de bibliotecário aparece com frequência. Apesar de as notícias sobre as atividades das bibliotecas não serem frequentes, é possível, através desses indícios, supor que fossem comuns os gabinetes de leitura e as bibliotecas para uso dos associados.[28] Os sindicatos associados às federações, provavelmente façam uso comum destes gabinetes de leitura, potencializando o uso dos materiais impressos. A existência de bibliotecas e livros nas associações operárias incomodava a polícia, pois, nos casos narrados de invasão e assalto, os livros são roubados para serem "destruídos como planta perigosa e amaldiçoada".[29]

> Já é a terceira vez que na capital paulista a polícia civilista assalta a sede da Federação Operária e rouba os móveis e livros que possuía; em Santos uma vez.[30]

---

27 A.P. Confederação Operária Brasileira. O segundo congresso Operário *A Voz do Trabalhador*. Ano VI, Nº 29 (abril/1913).

28 Veja-se capítulo II, onde registramos a lista de bibliotecas operárias encontradas a partir do jornal *A Voz do Trabalhador*.

29 Sobre invasões de sindicatos e roubo de livros veja-se DIAS, Everardo. *Op. cit.*, p. 30

30 Movimento Operário - Em São Paulo. *A Voz do Trabalhador*. Ano I, Nº 19 (outubro/1909)

> ...A 17 de junho de 1909, estando em assembléia da classe dos padeiros reunida, foi a federação arbitrariamente invadida pela polícia, que carregou os móveis para o depósito central e destruiu a sua biblioteca. [Foram presos na ocasião, cerca de 165 companheiros].[31]
>
> ...É ainda em nome dessa constituição que se penetra nas associações de pacatos trabalhadores, roubando os livros, quadros e mobílias!... Se é a isso que chamam lei, se é a isto que chamam a ordem, malditas sejam a lei e a ordem...[32]

A criação de bibliotecas e de escolas operárias passa a fazer parte dos estatutos de várias organizações após o segundo Congresso, apesar de estas iniciativas não serem inéditas, pois algumas associações possuíam já estes recursos.[33] A educação, realizada em todas as suas possibilidades, é condição para a revolução social, desse modo, a educação do operariado se realiza por uma rede de iniciativas que se conjugam espacialmente, tentando cobrir tanto as atividades de resistência e solidariedade propriamente dita, das quais o sindicato se incumbe, quanto daquelas que invadem os espaços do não trabalho.

Penetra as atividades de lazer, de leitura, de estudo, dos lugares de convívio social, que sedimentam as possibilidades de união

31 Federação Operária de Santos. Relatório apresentado ao 2º Congresso Operário. *A Voz do Trabalhador*. Ano VII, Nº 51-52 (abril/1914).

32 Prisões e Deportações. No domínio das Feras. Pará, a nova Rússia. *A Voz do Trabalhador*. Ano VII, Nº 70 (maio/1915).

33 Veja-se seção Vida Sindical. Novas bases de Acordo da F. O. *A Voz do Trabalhador*, Nº 64; Estatuto dos Operários Estivadores. *A Voz do Trabalhador*, Nº 69 e Estatutos da F.O. Pelotas. *A Voz do Trabalhador*, Nº 68.

e preparam para a sobrevivência da solidariedade em momentos de risco. Ensaia-se a prática da partilha do pão, do companheirismo.

Talvez por estarem impregnados desta tarefa educativa, os anarquistas tenham sido criticados por uma moral dura em relação a algumas manifestações do operariado, como a participação no carnaval, em concursos realizados por clubes burgueses, ou quanto a vícios como a bebida, o fumo e o jogo.[34]

Preparava-se um exército sem generais; era necessário que todos pudessem guiar-se harmoniosamente para a livre convivência, expurgada dos valores burgueses e baseada no permanente esforço de autocontrole individual e coletivo, gênese da ética anarquista.[35]

As iniciativas próprias dos sindicatos e federações, com respeito à educação do proletariado, podem ser encontradas parcialmente nos relatórios enviados à Confederação Operária Brasileira, por ocasião do segundo Congresso Operário Brasileiro, e publicados no jornal *A Voz do Trabalhador*. De cinquenta e nove associações participantes, apenas vinte e sete encaminharam os relatórios; destes, apenas quatorze foram publicados.[36]

---

34 Sobre o universo cultural anarquista veja-se HARDMAN, Francisco Foot. *Nem pátria, nem patrão: vida operária e cultura anarquista no Brasil*. São Paulo: Brasiliense, 1983, p. 83-84.

35 Sobre a ética anarquista veja-se LEUENROTH, Edgard. *Op. cit.* p. 35-46. Ver, também, WOODCOCK, George. *Op. cit.*

36 Das cinquenta e nove associações, duas eram Federações Estaduais; cinco eram Federações Locais e cinquenta e dois sindicatos, ligas e uniões. Os relatórios publicados são de duas Federações Estaduais, duas Federações Locais e dez de Sindicatos, Uniões, Liga, Associação, Centro Cosmopolita e Círculo Operário. Encontram-se seis deles, reproduzidos dentre os documentos do livro *A Classe Operária no Brasil*, tendo sido transcritos de originais manuscritos, enviados à Confederação. É possível compará-los aos publicados em *A Voz do Trabalhador* e verificar o tratamento na redação. Os

Neles, a ocorrência destas iniciativas incorpora a manutenção de aulas noturnas para os operários, escolas para o ensino das primeiras letras, desenho e música para crianças e adultos, um Ateneu Operário dedicado à formação Artística e de Ofícios (Pelotas), curso de corte, além de algumas bibliotecas. Torna-se interessante compreender que as "aulas de corte" constituem um campo de conhecimento tão válido quanto outros quaisquer, que visa resistir às mudanças que vão se instaurando com a divisão do trabalho e que acabam se constituindo em saber que preserva a possibilidade de autonomia.[37]

A criação de escolas pelos sindicatos ou federações caracterizava-se por um conjunto de aulas que, primeiramente, serviam às necessidades mais elementares de aprendizagem, ou seja, as primeiras letras e cálculos. Em geral, as aulas ocorriam no período noturno, quando supostamente os trabalhadores teriam algum tempo disponível. Assim surgiu a Liga Operária de Instrução Escolar, nos subúrbios do Rio de Janeiro, em agosto de 1909, por iniciativa de um grupo de "companheiros".[38]

Em abril de 1913, a Associação Operária Independente, composta de operários de várias classes, funda uma escola leiga-racio-

---

relatórios aparecem nas edições de Nº 41 a 67, provavelmente não havendo tempo e espaço para a publicação de todos enquanto existiu o jornal.

37 Contrária à educação profissional promovida pelo Estado, as iniciativas de alguns sindicatos tinham por fim resistir a um progressivo desvirtuamento do trabalho enquanto arte e inventividade. Sobre a atuação do Estado na formação profissional, veja-se MORAES, Carmen Sylvia Vidigal. A *Socialização da Força de trabalho: Instrução e qualificação profissional no Estado de São Paulo-1873 a 1934*. Tese de doutorado, FEUSP, São Paulo, 1990.

38 Liga Operária de Instrução Escolar. *A Voz do Trabalhador*. Ano II, Nº 16 (agosto/1909).

nal com aulas diurnas e noturnas para ambos os sexos; no mesmo período, o Centro Operário Brasileiro Beneficente e Instrutivo de Jaú funda uma Escola Moderna. Em Machado, Minas Gerais, funda-se a Liga Operária Machadense, com uma escola racional para adultos e crianças em cursos diurno e noturno; a União Operária Internacional do Rio Grande, inaugura uma Escola Moderna "sistema Francisco Ferrer", além de outras. São frequentes as campanhas de auxílio às escolas, concorrendo para tanto os espetáculos promovidos por Centros ou Grupos de Teatro, em conjunto com as demais organizações operárias. Intensa propaganda para a fundação de escolas tem início a partir de 1913.[39]

Durante sessão de propaganda comemorativa ao 4º aniversário de fuzilamento de Ferrer, ocorrida na Liga Anticlerical do Rio de Janeiro, José Oiticica faz minucioso estudo sobre a fundação de escolas, demonstrando que a criação delas não constitui grandes dificuldades. Centrando as preocupações no trabalho a ser realizado e no preparo dos professores, quase em total desprezo às questões estruturais de organização física dos espaços, *A Voz* noticia o evento:

> *... Há facilidade de fazer iniciar, adquirindo-se salões gratuitos para o funcionamento das escolas diurnas; cita o salão da Liga, o salão da Federação Operária, que de dia não tem movimento (...). Refere-se ao professorado, declarando que desde já se pode contar com pelo menos três senhoritas que se prontificaram a lecionar, conhecem o racionalismo além de terem o curso*

39 Sobre o aparecimento da criação de escolas operárias registramos no exame das edições de *A Voz do Trabalhador* a criação de 18 escolas, localizadas em SP, RS, RJ, MG, PR, AL.

> *da Escola Normal. Ele se prontifica a preparar alguns companheiros para esse mister.*[40]

O jornal *A Voz do Trabalhador* incentiva a criação de escolas operárias, divulgando as iniciativas, contribuindo com a divulgação de campanhas que visam a fundação das escolas. No entanto, reserva-se, também, a tarefa de criticar iniciativas que escapam àqueles padrões e valores de educação proletária previstos em seu programa. São criticadas as iniciativas da Federação Brasileira do Trabalho, fundada em Juiz de Fora, Minas Gerais e que mantém uma escola primária.

> Por informações de camaradas que nos merecem toda a confiança, sabemos, que, por iniciativa de alguns politiqueiros e estudantes, foi fundada a Federação Brasileira do Trabalho (espécie de cêbêtê daqui) em cuja sede funciona uma escola primária, a qual, a exemplo das escolas burguesas, não faz outra coisa senão inocular no espíritos dos operários incautos o veneno patriótico e o respeito às leis...[41]

A Sociedade Osiviata de Ponta Grossa, Paraná, dirigida por socialistas, é igualmente criticada na ocasião em que promove debates sobre a conflagração europeia, com apoio à guerra em defesa da pátria, supondo haver chegado o momento da reconstituição da Polônia.

40 Na Liga Anticlerical. *A Voz do Trabalhador*. Ano VI, Nº 41 (outubro/1913).

41 Brasil Operário. Minas Gerais. Juiz de Fora. *A Voz do Trabalhador*. Ano VII, Nº 48 (fevereiro/1914). A referência à "Cêbêtê" daqui, significa que tem as mesmas características da Confederação Brasileira do Trabalho, fundada durante o "congresso amarelo", ou congresso pelego de 1912, no Rio de Janeiro.

> ...Essa sociedade mantém uma escola liberal – dizem eles. Entretanto pelo que se vê, não passa de uma escola em que se incutem nos cérebros dos alunos ensinamentos patrióticos, ensinando-lhes os exercícios militares (...). Enquanto a massa ignorante se deixar embebedar com os nomes: Pátria, Religião, Propriedade, etc, nunca será livre da tirania. E, por lógica consequência, enquanto os trabalhadores não se associarem, para tratar dos meios de se libertarem, repelindo o jogo, o foot-ball, a embriagues, que só servem para arrastar os operários à degeneração, – enquanto isso, é inútil, a escravidão continuará a pesar-lhes sobre o lombo de bestas de carga.[42]

As iniciativas mais consequentes de criação de escolas, do ponto de vista do jornal, foram as experiências das Escolas Modernas ou Racionalistas, às vezes chamadas também de Escola Nova, dado o espaço cedido a noticiá-las. Nelas, havia um trabalho sistemático que, além da exposição de um "método de trabalho", considerado essencial para o ensino de consciências livres, possuía um rol de disciplinas ou campos de conhecimento, de onde se retirariam os conteúdos a aprender.

> ...Cientificamos as famílias que se acha instalada no prédio da Rua Miller, 74, a Escola Moderna nº 2, criada sob os auspícios do Comitê Pro Escola Moderna. Esta escola servir-se-á do método indutivo demonstrativo e objetivo e baseia-se na experimentação, nas afirmações científicas e raciocinadas, para que os alunos tenham ideia clara do que se

42 Lucífero. Os Falsos Pastores. *A Voz do Trabalhador*. Ano VII, Nº 64 (novembro/1914).

> lhes quer ensinar. Educação artística, intelectual e moral; Conhecimento de tudo quanto nos rodeia; Conhecimento das ciências e das artes; Sentimento do belo, do verdadeiro e do real; Desenvolvimento e compreensão sem esforço e por iniciativa própria. Matérias: As matérias a serem iniciadas, segundo o alcance das faculdades de cada aluno, constarão de leitura, caligrafia, gramática, aritmética, geografia, geometria, botânica, zoologia, mineralogia, física, química, história, desenho, etc. Para maior progresso e facilidade do ensino, os meninos exercitar-se-ão nas diversas matérias com o auxílio do museu e da biblioteca que esta escola está adquirindo nas aulas. Na tarefa de educação tratar-se-á de estabelecer relações permanentes entre a família e a escola, para facilitar a obra dos pais e dos professores. Os meios para criar estas relações serão as reuniões em pequenos festivais, nos quais se recitará, se cantará, e se realizarão exposições periódicas dos trabalhos de alunos: entre os alunos e os professores haverá palestras a propósito de várias matérias, onde os pais conhecerão os progressos alcançados pelos alunos. Para complemento do nosso programa de ensino organizar-se-ão sessões artísticas e conferências científicas...[43]

A Escola Moderna nº1, criada em maio de 1912, teve como responsável o Professor João Penteado, sendo à época, auxiliada pelos sindicatos dos vidreiros e barqueiros.[44]

43 O ensino Racionalista em São Paulo. Escola Moderna nº 2. *A Voz do Trabalhador*. Ano VII, Nº 48 (fevereiro/1914).

44 Sobre a criação das Escolas Modernas veja-se GHIRALDELLI JR., Paulo. *Op. cit.* p. 116-40; JOMINI, Regina Celia Mazoni. *Uma educação para a solidariedade: contribuição ao estudo das concepções e realizações educacionais dos*

Torna-se interessante a percepção do trabalho desta escola por parte dos não militantes. Nas memórias de Jacob Penteado, sobre a velha São Paulo, assim é inscrita a iniciativa da Escola Moderna:

> ...Das escolas desse tempo, a mais importante foi a Escola Moderna, do Professor João Penteado, hoje, Diretor da Escola Técnica de Comércio e Ginásio Saldanha Marinho, na Av. Celso Garcia. Iniciou seus cursos numa casa do Coronel Goulart, na Rua Dr. Clementino, esquina da Rua Conselheiro Cotegibe, fundado com o auxílio dos Sindicatos dos Vidreiros e dos Barqueiros, que procuravam, assim, proporcionar instrução aos menos favorecidos pela sorte.[45]

A iniciativa contou também (ou principalmente?) com a colaboração de comerciantes, industriais, jornalistas, envolvidos nas comissões ou comitês Pró Escola Moderna encarregados de le-

---

anarquistas na República Velha. Campinas: S.P., Pontes, 1990, p. 73-111. Para a criação das escolas, em 1910, formaram-se comitês, encarregados de expor ao público o programa da Escola Moderna, angariando os recursos necessários à sua criação. O comitê Pró Escola Moderna de São Paulo, publica circular explicando as bases fundamentais do ensino racionalista nas quais se funda o projeto da Escola Moderna, solicitando o "auxílio e solidariedade de todos os livre pensadores". O comitê tem por tarefa: "1º) Instalação de uma casa editora de livros escolares e obras destinadas ao ensino e à educação racionalista e que, conforme os casos, serão cedidas gratuitamente ou a preço reduzido; 2º) Aquisição de um prédio para implantar na cidade de São Paulo o núcleo Modelo da Escola Moderna; 3º) Procurar professores idôneos para dirigir a dita Escola; 4º) Auxiliar aquelas que no interior do Estado poderão surgir, baseadas sobre as normas do ensino racionalista, normas que passamos a estabelecer". Veja-se CARONE, Edgard. *Movimento Operário no Brasil (1877-1944).* 2.ed. São Paulo: DIFEL, 1984, p. 44-47.

45 PENTEADO, Jacob. *Op. cit.* p. 284-5.

vantar fundos para a criação das escolas. Os mentores intelectuais dessas iniciativas eram quase sempre militantes liberais, ligados à redação de jornais, de Centros de Estudos ou Grupos Libertários.

A composição plural do grupo de colaboradores por um lado indica a simpatia das ideias libertárias por parte de uma parcela diferenciada da população. Por outro lado, a impressão registrada por Jacob Penteado, de uma escola que proporcionava "instrução aos menos favorecidos pela sorte" constitui também argumento provocativo que nos faz retornar à ideia de escola para os pobres, portadora de um paternalismo talvez nacionalista. A localização das escolas em bairros operários e constituídos de uma população imigrante relativamente homogênea, poderia ser objeto de ações filantrópicas por parte de outros patrícios, de melhor situação econômica.

A Escola Nova, fundada em São Paulo, foi outra iniciativa noticiada no jornal *A Voz do Trabalhador*. Esta oferecia curso primário, médio e superior. As preocupações presentes aqui diferenciam-se de experiências anteriores, como por exemplo o destaque dado aos aspectos físicos do prédio, contrariando de certo modo, a ampla campanha levada a efeito em 1913, no Rio, pela criação de escolas racionalistas. No Rio de Janeiro, José Oiticica propunha a criação de escolas racionalistas independentemente das preocupações com aspectos físicos do prédio, aconselhando a utilização de todos os espaços possíveis para tal, como as próprias sedes dos sindicatos e federações. A preocupação central era quanto ao trabalho do professor e a forma de ensino. "Na capital do Estado de São Paulo foi ultimamente instalado, em confortável prédio da rua Alegria, 26 (sobrado) um instituto de instrução e educação para meninos e meninas... "

A presença de um programa "amplo e reformador", parece destoar de princípios que propõem um acesso incondicional ao conhecimento. As preocupações com o método de ensino, parcela importante do trabalho das escolas racionalistas, toma como referencial "os defeitos do decantado ensino oficial", buscando, na experimentação científica, a validade de um ensino que dissipe a ignorância.

Esboça-se um currículo organizado em graus de ensino. As características desta experiência parecem já especializadas, sua divulgação no jornal privilegia a crítica predominante ao sistema oficial de ensino, enquanto ensino viciado, que não se ocupa dos conhecimentos das ciências de maneira fiel, havendo já certo distanciamento quanto ao discurso libertário mais geral sobre a educação. As considerações e a apreciação do trabalho da Escola Nova referem-se muito mais a questões estruturais do ensino, destacando-se a importante tarefa dos educadores, ao praticar uma educação em bases científicas.

> As matérias são: Para o curso primário – Português, aritmética, geografia, botânica, zoologia, caligrafia e desenho. Curso médio – Português, aritmética, geografia, mineralogia, botânica, zoologia, física, geometria, história universal, caligrafia, desenho, etc. Curso Superior – Aritmética, álgebra, botânica, zoologia, mineralogia, geometria, física, química, história universal, geologia, astronomia, desenho. – Idiomas: português, italiano, espanhol, etc. Os cursos primário e médio acham-se a cargo dos educacionistas Florentino de Carvalho e Antonia Soares. O curso superior está sob a direção de pessoas de reconhecida competência, figurando entre elas o professor Saturnino Barbosa, Drs. Roberto Feijó, Passos Cunha, A. de Almeida Rego e Alfredo

> Júnior, os quais lecionam matérias de sua respectiva especialidade.[46]

No comentário que segue ao trabalho da escola, o sentido da educação enquanto meio de emancipação social é atenuado, ao mesmo tempo em que se cria uma classificação entre níveis de ensino, assemelhados aos da estrutura oficial. "O ensino monopolizado, fiscalizado por indivíduos que só têm como base dos seus conhecimentos o favoritismo e a proteção da situação política dominante, fornece a norma justa do estado de adiantamento dos problemas".[47]

Existe a percepção dos problemas relativos à organização do ensino burguês oficial. No entanto, a forma escolar vai assumir, formalmente, maior visibilidade no universo das ações educativas praticadas pelos libertários. Ao mesmo tempo em que tenta-se resistir ao ensino burguês que inculca falsos valores morais e conhecimentos carregados de preconceitos que visam a manutenção de uma ordem já estabelecida, a experiência libertária fixará sua atenção no desenvolvimento e utilização de um método de ensino, supostamente capaz de escapar àqueles vícios, capacitando o acesso aos acontecimentos científicos e racionais, sem impor-lhe os limites ou esconder as "verdades".

Pautadas nas experiências da Escola Moderna de Barcelona, laboratório de sistematização da educação racional desenvolvida pelo educador Francisco Ferrer, várias experiências ocorrem, em graus variados de fidelidade aos princípios assumidos pelos anarquistas quanto à educação racional.

46 Várias. Escola Nova. *A Voz do Trabalhador*. Ano VIII, Nº 69 (abril/1915).

47 João Vosgos. Na Escola Nova. *A Voz do Trabalhador*. Ano VIII, Nº 69 (abril;1915).

Uma concepção de educação racionalista

Nosso objeto de estudo oferece uma entrada particular para o entendimento das atividades educativas que se desenvolveram no meio operário do início do século XX. Dentre outros, nos deparamos com práticas e ideários predominantemente anarquistas e a eles oferecemos a atenção, buscando compreender que apropriações operaram para conformar um tal projeto de educação.

Assim, encontramos no jornal não um mapa detalhado de intenções relativas às preocupações educacionais, mas a vida da organização sindical repleta de tensões e contradições e o esforço de construção da emancipação proletária por todos os meios e em todos os espaços.

A ocorrência do aparecimento de questões educacionais específicas revelam que a educação racional, entendida como a única capaz de realizar a libertação dos preconceitos, se estendeu a todos os domínios de ação dos libertários, chegando a conformar uma rede que possibilita abarcar aqueles espaços.

A apreciação das práticas escolares desenvolvidas entre os libertários é objeto de análise de várias obras, tendo sido levantadas as iniciativas relativas à fundação das Escolas Modernas e dos Centros de Estudo. O escopo do nosso trabalho não nos encaminhou para uma análise exaustiva das escolas operárias tal como realizam estes trabalhos; no entanto, o material encontrado no jornal a respeito delas, as condições de aparecimento das notícias e o aparecimento de artigos que tematizam diretamente a questão parecem poder contribuir para o aprofundamento do debate referente às iniciativas escolares .

Esse aparecimento sugere que, em alguns momentos, há necessidade de direcionar essas experiências que resvalam para territórios que não eram tão marcadamente territórios anarquistas, que se afastam dos princípios de uma educação racional, percebidos no próprio discurso seja dos debates, seja da propaganda sobre o surgimento destas escolas.

Talvez, uma análise referida à discussão mais ampla em torno dos princípios possa reinstaurar as ligações e tensões existentes entre as iniciativas escolares surgidas, tomando-as não como experiências modelares, que concretizaram de fato um determinado projeto, mas como experiências que resultaram de um jogo de apropriações, num momento de institucionalização da escola burguesa fincada em outros valores e princípios.

Em 1913, dando sustentação às resoluções do segundo Congresso no tocante à educação do trabalhador, surgem no jornal alguns debates que darão substância aos princípios formadores do ensino racionalista, numa clara intenção de fornecer o debate teórico necessário às iniciativas que se propagam pelas organizações operárias e outras de caráter libertário.

Uma primeira advertência é a de que a educação racionalista não se funda em uma filosofia aplicada ao ensino escolar e a uma escola que possuísse já uma forma estabelecida e naturalizada. Sua sustentação teórica é baseada na possibilidade múltipla de construções e interpretações do mundo a partir do conhecimento científico.

No limite, a educação racionalista estabelece uma relação com o conhecimento que não se pode capturar e encerrar na institucionalização de um modelo escolar apenas.

A educação racional não confere privilégio absoluto às escolas, entendidas aqui como espaço específico de relações que estão se institucionalizando; estende seus valores à ação dos centros de estudo, sindicatos, bibliotecas, do jornal e a outras formas de relação com os saberes que não pensam uma formação restrita ou naturalizada do sujeito, em suma, torna-se visível e percorre toda a rede de práticas educativas.

A educação que se pratica nos sindicatos torna-se relevante pela vinculação que assume relativamente às circunstâncias concretas de luta, realizando uma constante obra de desideologização da sociedade, de sua forma de organização, buscando na racionalidade as explicações que possam fazer superar os atavismos do pensamento.

Ancorados na crença de que é o ensino racionalista que pode fazer tal operação, os anarquistas constroem uma intrincada rede de relações educativas. Neste sentido, torna-se necessário à compreensão dessa concepção, efetuar a desterritorialização da forma escolar assumida pela educação, porque ela constitui-se numa das formas possíveis e não se dissocia das outras práticas. Não possui a mesma forma das escolas que à época estão se institucionalizando e definindo relações marcadamente burguesas com o conhecimento, erigindo lugares de autoridade do saber que vão se estabelecendo em função de certos interesses nacionais, eclesiásticos, de classe, que estão demarcando, do conjunto dos saberes, quais são os aceitos como escolarizáveis.

Importa, efetivamente, compreender que o "método racionalista" de educar configurava-se como aquele que possibilitaria uma educação sem peias, que não esconde as "verdades provisórias" fornecidas pela ciência.

A escola burguesa, também ancorada no conhecimento científico e, portanto, racional, não autoriza que a racionalidade chegue às últimas consequências, aos limites do entendimento sobre a vida, sobre os acontecimentos. Ela estabelece os limites em sua missão civilizatória, pautada seja pelos dogmas religiosos, seja pela própria religião do Estado, corporificada especialmente nos valores do patriotismo.

Essa concepção de educação racional é elemento que possibilita um acesso interpretativo ao funcionamento da rede, como a conjugação de formas, dispostas topograficamente para produzirem determinados efeitos, favoráveis à apreensão da realidade e à sua crítica, para, enfim, construírem uma cultura racional.

O incentivo à criação de escolas, já em 1906, durante o 1º Congresso Operário, tinha por fim resistir à educação oficial, para formar "livremente a consciência", especialmente, das crianças. A percepção dos efeitos da educação religiosa e da educação moral realizada pelo Estado sobre a infância, demonstrava clareza, por parte dos congressistas, quanto aos sentimentos de submissão que produziam sendo, portanto, contrários aos ideais de emancipação proletária. A recusa a esta forma escolar burguesa vai assumir, então, um projeto de escola que realize outros valores, aqueles da educação racionalista. Essa resistência se materializa em uma escola organizada segundo os princípios racionais da ciência, expurgados os preconceitos de pátria e religião; pilares da forma-escolar que vai sendo institucionalizada como lócus privilegiado da educação.

Em 1913, durante o 2º Congresso Operário, existe já um acúmulo de reflexão sobre as experiências relativas a criação de escolas operárias o que possibilita que ao tema da educação e da instrução, seja dado tratamento mais rigoroso. Critica-se a monopolização da instrução, baseada no misticismo e na resignação praticada pelas escolas burguesas, a partir de uma apropriação da ciência "sabiamente invertida", cultivando-se os sofismas do civismo, consolidando "com mais firmeza todas as escravizações, impossibilitando a emancipação sentimental, intelectual, econômica e social do proletariado e da humanidade".

Contra a "maquinaria escolar" que se vai instaurando, o 2º Congresso aconselha, para além da criação de escolas, que elas sejam organizadas a partir dos princípios racionalistas, utilizando o método racional e científico, como possibilidade de enfrentamento ao modelo burguês, imposto pelo Estado.

A "maquinaria escolar" é título de um estudo que apresenta a escola como "forma de socialização privilegiada e lugar de passagem obrigatória para as crianças das classes populares"; tenta reconstituir as condições históricas que possibilitaram à escola uma existência quase natural, justificada por uma suposta universalidade e eternidade. Os autores esboçam as condições de aparecimento de uma série de instâncias fundamentais que irão permitir o aparecimento da "escola nacional": 1º) A construção lenta da definição de um estatuto de "infância" e o desenvolvimento de práticas educativas que buscam regular a vida e os costumes, através de táticas que visam a conservação do prestígio e poderes da Igreja; 2º) A emergência de um espaço específico destinado à educação das crianças; espaços de enclausuramento como o convento vão se constituir como modelo do novo espaço fechado, destinado à instrução da juventude, em suas variantes: "colégios, albergues, casas prisões, casas de doutrina, (...) hospitais, seminários..."; 3º) A formação de um corpo de especialistas, encarregados da "transmissão de conhecimentos e a modelação dos comportamentos" que acumularão saberes sobre a ação educativa possibilitando o aparecimento da pedagogia e seus especialistas; organizando os saberes de modo a relacioná-los com determinada ordem e disciplina; 4º) A destruição de outros modos de educação, que realizarão o divórcio entre a vida real e o saber, dando lugar a formalismos que passam a ser valorizados: "o colégio converte-se num lugar no qual se ensina e se aprende um amontoado de banalidades desconectadas da prática, do mesmo modo que, mais tarde, a escola e o trabalho escolar precedem e substituem o trabalho produtivo (...) O saber é propriedade pessoal do professor, só ele realiza a interpretação correta dos autores, conhece e censura as fontes, adequa conhecimentos e capacidades, e decide quem é o bom aluno (...) A partir de agora a memória dos povos, os saberes adquiridos no trabalho, suas produções culturais, suas lutas, ficarão marcadas com o estigma do erro e desterradas do campo da cultura, a única legítima porque está legitimada pelo mito da 'neutralidade' e da "objetividade> da ciência", e 5º) A institucionalização propriamente dita da escola; a imposição da obrigatoriedade escolar decretada pelos poderes públicos e sancionada pelas leis. Trata-se da educação das classes populares a partir da segunda metade do século XIX e princípios do século XX, que passa a fazer parte do "bom governo" para moralizar o operário, instruí-lo e educá-lo, livrando-o de seus "instintos avessos".

A esse movimento concorrerão, também, medidas destinadas ao controle das classes populares com o fim de tutelar o operariado, convertendo-o em "honrado produtor". A escola é "invenção burguesa para civilizar os filhos dos trabalhadores", violência assentada num pretendido direito de todos à educação.[48]

Adquire importância a discussão em torno dos métodos de ensino e tenta-se desmistificar algumas ideias, nutridas ainda mes-

48 VARELA, Julia & ALVAREZ-URIA, Fernando. A maquinaria escolar. *In: Teoria & Educação,* Nº 6. Porto Alegre: Pannonica Editora, 1992, p. 68-96.

mo entre os revolucionários. Florentino de Carvalho, no artigo "Necessidade do ensino racionalista" Considera:

> ...Há pessoas que ligam pouca importância aos métodos de ensino: o essencial é que os meninos aprendam... seja o que for. Se algum interesse os pais tomam pela instrução dos filhos é para prepará-los em materiais de leitura e contabilidade, a fim de adquirirem com menos embaraço uma colocação de preferência, ou um diploma de certa profissão, mais ou menos elevada. Estuda-se sempre com o fim de suplantar os semelhantes na luta pela existência; nunca com o fim de criar uma cultura racional. Este critério não predomina somente nas famílias ignaras. Alguns militantes do livre pensamento, e mesmo das ideias mais ou menos libertárias afirmam que os indivíduos, educados nos colégios dos jesuítas, quando passam para as nossas fileiras, vem a ser os melhores elementos da nossa grei, porque agem com mais conhecimento de causa. Outros - entre eles alguns simpatizantes da Escola Moderna, reunidos há pouco tempo em Conferência na cidade de Bruxelas, afirmam que o ensino racionalista vem a completar a instrução ministrada pelo Estado.[49]

Num esforço de fazer ver as diferenças entre o ensino burguês e o ensino racionalista, Florentino de Carvalho debate a aceitação de valores presentes na educação burguesa, argumentando que os métodos da pedagogia racional e científica se impuseram

49 Florentino de Carvalho. Necessidade do ensino racionalista. *A Voz do Trabalhador*. Ano VII, Nº 46 (janeiro/1914). Florentino de Carvalho é Primitivo Raimundo Soares, que lecionou na escola Moderna do Bráz e na Escola Nova da Moóca, ambas em São Paulo. Veja-se: RODRIGUES, Edgar. *Op. cit.*, p. 266-9.

ao desenvolvimento das técnicas de ensino, em substituição aos arcaicos sistemas em todos os domínios; no entanto, as classes dirigentes realizaram verdadeira assepsia dos elementos de ordem moral e intelectual que não correspondiam à lógica burguesa, desenvolvendo ao contrário, ampla campanha dedicada à educação moral e cívica. E segue:

> Esta tarefa não ofereceu dificuldades. O método indutivo, demonstrativo e objetivo é o tecnicismo pedagógico, que pode ser mais ou menos limitado, e aplicado de forma a não prejudicar o regime estabelecido.
>
> O método racional de analisar e conceber a natureza e a vida, é o que foi desprezado porque os Estados e as castas aristocráticas ou burguesas, não devem estar dispostos a abrir falência em benefício do bem estar e do desenvolvimento integral de todos os indivíduos que fazem parte de toda colmeia humana.

As mudanças ocorridas com a introdução de novas técnicas no campo da produção capitalista geraram também seus correspondentes na área da educação. Não se pode secundar o fato de a ciência estar neste momento, informando, a partir de apropriações variadas, modelos de gestão do trabalho e de organização social, com a introdução da administração científica taylorista. A preocupação com os métodos assola todas as áreas da produção e da gerência, com a crença no desenvolvimento da ciência e da técnica em todos os domínios.[50]

---

50 Em 1911, Frederick Winslow Taylor, publica, o livro Princípios de Administração Científica (TAYLOR, Frederick W. *Principles of Scientific Management.* New York: Harper & Row, 1911).

Assim, de tudo o que a ciência pode oferecer como avanços à educação do povo, retira-se apenas o que baste para que se atenda os interesses dominantes; a instrução livre, para a burguesia, transforma-se em arma perigosa se posta nas mãos de quem não as souber manejar. Ler e escrever são atividades entendidas como perigosas. Retirando-lhes o caráter político, mantendo-as reféns de outros tantos artifícios, como por exemplo os formalismos da escola, poder-se-ia imprimir a elas tanta docilidade quanto se queira, instaurando, desta vez, um novo modelo que, sem destruir o anterior que lhe serve de solo, garantisse que o embate entre "progressistas e conservadores" permanecesse no campo formal, sem colocar em risco a ordem capitalista, produzindo, a partir da escola, valores morais e hábitos adequados aos interesses de um estado nacional. Naquele momento, importava o protocolo de "alfabetizado" e, portanto, satisfeita a aptidão para a prática democrática do voto.[51]

Florentino de Carvalho observa as estratégias utilizadas nas escolas oficiais, que têm por fim impor aos alunos, além do "fanatismo de ultratúmulo", a nova "religião" que corresponde a cada estado, no interesse de manutenção do poder, variando no tempo e lugar. Na Rússia, "a infalibilidade do tzar"; na Itália, a reverência

---

51 A partir de 1915, inicia-se uma ampla campanha republicana pela difusão do processo educacional com matiz nacionalista e de reconstrução moral do país. Sobre o movimento das elites em relação à educação do povo, veja-se NAGLE, Jorge. A educação na Primeira República. *In: História Geral da Civilização Brasileira,* Tomo III, 2º v., cap. VII. São Paulo, DIFEL, 1977; CARVALHO, Marta Maria Chagas. *Molde Nacional e Fôrma Cívica: Higiene e Trabalho no Projeto da Associação Brasileira de Educação (1924-1931).* Tese de doutorado. São Paulo, FEUSP, 1986, capítulo 3º.

à "monarquia e a casa de Savoia"; na Argentina, "os professores ensinam que a república é o estado natural da sociedade".[52]

Conclui que a educação do povo tem correspondido aos interesses dos Estados, a fim de conservar-se o regime político ou religioso. A formação dos indivíduos coloca-se como secundária à satisfação desta necessidade primeira. Cada governo desenvolve seus ritos, destinados a disciplinar seus habitantes, expurgando com "escrúpulo verdadeiramente sistemático" tudo o que possa reverter em questionamento aos privilégios e, em última instância, do poder constituído.

> ...o ensino oficial esforça-se por incutir nas crianças o sentimento do dever, que se traduz numa série interminável de obrigações muito discutíveis de obediências deprimentes, que vão de encontro aos mais rudimentares princípios de liberdade, e exigem a abdicação de direitos inalienáveis. Este ensino frisa perfeitamente a diferença hierárquica de nacionalidades, de castas e de classe; a existência de indivíduos superiores e inferiores, segundo as condições econômicas, políticas, sociais e religiosas de cada um.
>
> Nos primeiros [na conservação dos regimes] procura-se criar o sentimento ou o instinto de dominação

52 No Brasil, o projeto educacional republicano, implanta suas bases nos movimentos cívico-nacionalistas, congregando e estimulando os sentimentos patrióticos dos brasileiros a fim de desenvolver o "espírito de solidariedade nacional", difundindo a educação cívica e o culto do patriotismo. Sobre a educação na 1ª República veja-se ANTUNHA, Heládio César Gonçalves. A instrução pública no Estado de São Paulo - A Reforma de 1920. In: *Revista Estudos e Documentos*, publicação da Faculdade de Educação/USP. v. 12, São Paulo, 1976; CARVALHO, Marta Maria Chagas. *A Escola e a República (Tudo é História, 127)*. São Paulo: Brasiliense, 1989; NAGLE, Jorge. *Op. cit.*

> e de violência; nos segundos [estado religioso] o sentimento de resignação e de acatamento. Mesmo nas democracias, onde se diz ser um fato a igualdade perante a lei, a instrução é ainda um privilégio dos ricos. No entanto a coerência é patente: Augusto Comte na sua filosofia positivista estabeleceu um sistema de instrução e educação compatível com o regime capitalista. Diz, textualmente, que aos ricos deve ser dada uma instrução integral ou universitária e aos operários uma instrução elementar e profissional.[53]

A partir dos tratados comtianos, criou-se a ideia de uma educação dual percebida com clareza pelos libertários, que antevêem o fim deste sistema, ou seja, o da manutenção das diferenças sociais através de uma educação, supostamente, igualitária, mantendo-se de fato os privilégios de uma classe em detrimento de outra.[54]

Pautado nos escritos de Kropotkin, na obra intitulada Apoio Mútuo, Florentino de Carvalho refuta a hipótese sobre a qual sobrevive o falso conceito que justifica a vida das espécies na luta de todos contra todos, produzindo a seleção e a evolução natural, demonstrando que a "solidariedade é um dos principais fatores da vida e do desenvolvimento das espécies".

---

53 Florentino de Carvalho. Necessidade do ensino racionalista. *A Voz do Trabalhador*. Ano VII, Nº 46 (janeiro/1914).

54 Comte, além de criar a teoria dos "três estados do conhecimento" – teológico, metafísico e positivo, sistematizou a busca do saber positivo – que corresponderia à maturidade do espírito. Uma educação especial deverá ser destinada aos sábios; a educação é igualmente necessária entre as classes desfavorecidas; no entanto, o proletário não necessita da mesma educação. Sobre a educação na evolução da filosofia de Comte, veja-se BARROS, Roque Spencer Maciel de. *Ensaios Sobre Educação*, São Paulo: Universidade de São Paulo, 1971.

Na aceitação da ideia de luta e de seleção natural, o ensino oficial adota métodos que despertam nas crianças o "pré- histórico e bárbaro instinto de caça, o gosto pelas armas e pelo assassinato, com a diferença de que não é a caça aos outros animais, por uma necessidade fisiológica: é a caça ao homem, por um preconceito errôneo e por uma necessidade alheia, necessidade de uma classe que não poderia subsistir sem a guerra permanente."

Desta forma, são apontados os vícios desta educação, destacando-se os ritos de adoração à bandeira, aos heróis. Entre outros, aponta a patologia dessa educação: "a. pessimismo; b. tristeza; c. temperamento iracível; d. orgulho exagerado; e. presunção; f. ódio e desprezo ao estrangeiro; g. inclinação a ferir com gestos e palavras a suscetibilidade de outrem, sentindo prazer em irritar e humilhar; h. inveja dos que gozam de melhores regalias; i. falsa comiseração pela extrema pobreza que reflete a diferença de condições."[55]

A escola racionalista, ao contrário, não se preocupa com os limites do conhecimento, pois não teme as verdades científicas; "seu fim não é o de favorecer um partido ou regime político qualquer, seu fim é formar seres aptos para se governarem a si mesmos; não seres aptos para serem governados pelos outros (Spencer)".

Sobre a neutralidade dessa escola, Florentino responde que, se fosse possível uma escola neutra, esta pouco poderia ensinar, "porque os conhecimentos adquiridos destroem as velhas noções que predominam nas sociedades e na mente das multidões. Existe porventura uma moral que convenha ao mesmo tempo a Voltaire e a S. Ignacio?"

Todo conhecimento pode gerar apropriações singulares para compreender a natureza e a sociedade, produzir um determi-

---

55 Florentino de Carvalho. Necessidade do ensino racionalista. *A Voz do Trabalhador*. Ano VII, Nº 46 (janeiro/1914).

nado ponto de vista; não se pode negar a reflexão sobre ele, assim, necessariamente, o conhecimento se produz de um determinado lugar de onde se fala. Não pode haver neutralidade "entre o erro tradicional, ocasionado pelas crenças, e a verdade científica".

A escola deve oferecer uma educação integral, facilitando o quanto possível a aquisição dos conhecimentos para que os próprios educandos criem a sua educação. Há ainda que fornecer "um ambiente de justiça, independência e de estética que a liberte dos vícios e dos preconceitos que adquire quando está em contato com os elementos de degeneração da sociedade presente".[56]

Formar homens mais equilibrados, sãos e racionais, esta é a tarefa das escolas racionais. João Penteado, professor da Escola Moderna nº 1 em São Paulo, assim definia o ensino racionalista:

> Ensino racionalista quer dizer, o ensino que tem como meio a razão e como guia a ciência; como esta ainda não disse a última palavra sobre qualquer assunto, resulta que o ensino racionalista não tem programa fixo. Ao ensinar todos os dias os fenômenos físicos do Universo e sociais da Humanidade, fá-lo com a especial reserva de que só tem mérito o que está comprovado, o que os sentidos admitem e a experiência sanciona. O ensino racionalista tem por fim ensinar todas as verdades experimentais, por contrárias que sejam às ideias admitidas anteriormente; terá somente em conta a idade da criança para graduar as fases do ensino, para que o seu tenro

56 A utilização do termo educação integral nesse contexto tem o sentido de não impor limites ao conhecimento, nem ao lugar de conhecimento; de um compromisso de fidelidade para com os saberes, livres de artifícios e fetiches que impeçam a realização plena do conhecimento na vida.

> cérebro receba facilmente cada nova impressão que haja de conservar. Nunca será enganada, nem se dirá nada que ela não possa compreender.[57]

Teremos, então, ações que não são caracterizadas por um conjunto de saberes organizados definitivamente, mas uma composição plural de saberes que têm a tarefa de desvelar o mundo, livre das amarras de sentimentos que executam a assepsia do que deve e não deve ser ensinado, aprendido, concluído.

O chamado "método racionalista" constitui-se em tentativa de sistematizar as experiências e organizar as práticas baseadas na educação racional, não restritas às práticas escolares. É possível considerar que as preocupações com as práticas escolares, tal como aparecem tematizadas, tenham respondido muito mais a um reflexo do movimento de instauração da escola como instituição social naquele momento histórico e que algumas daquelas experiências resvalavam para um terreno não menos pantanoso, do qual era necessário resgatar os princípios. O conhecimento escolarizável não se delimita aqui em função dos interesses do Estado; a questão centra-se numa determinada relação entre os sujeitos e o conhecimento.

A cultura racional que se quer construir é otimista com relação ao papel da ciência, mas recusa as estratégias burguesas de escolarização do saber, que tem por fim a disciplinarização do comportamento e a aceitação da ordem estabelecida. A escola racional deverá oferecer o conhecimento para apropriações múltiplas, livres, guiadas apenas pela ciência, através da razão.

57 PENTEADO, João et alii. Educação e Ensino. *In:* LEUENROTH, Edgard. *Op. cit.* p. 207-212.

A educação racional coloca-se no núcleo da afirmação utópica do anarquismo; acena como instrumento nas práticas de liberação da consciência. Utópica quanto à transformação radical da vida, instaurando a liberdade enquanto "construção eminentemente social". A educação libertária, tem em sua formulação mais teórica, as experiências desenvolvidas por Francisco Ferrer Y Guardia, tendo sido reconhecidas como o "coroamento prático de todo desenvolvimento teórico que se fez no seio do movimento libertário".

Talvez, a perspectiva que mais se deva destacar nessa "pedagogia anarquista", seja o conceito de liberdade, encarada aqui não como propõe a filosofia política burguesa, na qual a liberdade é um fato natural, cumprindo à sociedade organizar-se de modo a permitir a liberdade de todos através das leis. A liberdade para os anarquistas é um fato social, não faz parte do homem; deve ser construída pela comunidade. A educação e a instrução são fundamentais para a conquista dessa liberdade, assumindo a importante tarefa de "desalienação, de destruição da ideologia da dominação e de criação de uma nova mentalidade revolucionária". Supõe, portanto, a vivência de relações solidárias e de vivência autônoma. A escola deve ser "um centro onde seja disseminada a verdade e onde a ciência, construída por todos, deve ser igualmente distribuída entre todos".[58]

A luta em torno da jornada de oito horas de trabalho reconfigura um dos lugares destinados à educação e à instrução; no dia "dos três oito", a educação e a instrução colocam-se na ordem do

58 Sobre a Pedagogia Racional veja-se GALLO, Silvio. "Ferrer I Guardia e a Pedagogia Racional: uma educação para a liberdade". Sobre a influência de Ferrer nas experiências desenvolvidas por anarquistas no Brasil, veja-se LUIZETTO, Flavio. Presença das ideias de Ferrer no Brasil: o exemplo da

lazer, da liberdade. O conhecimento é posto para apropriações livres, sem peias, facultando por sua vez, o acesso a outras liberdades.

O conhecimento é instrumento de luta não só para a construção de uma outra ordem social, mas é também, e talvez principalmente, para resistir a uma ordem que objetivamente cada vez mais afasta as possibilidades de emancipação.

O valor da emancipação não está dado, é preciso construí-lo pacientemente. Os "semeadores" sabem-se portadores da tarefa de realizar essa educação e as dificuldades enfrentadas se mostram em todos os momentos. O jornal nos oferece uma narrativa coletiva dessa história, carregada de tensões entre os ideais e suas condições de materialização.

Por um lado, os libertários mostram-se extremamente pioneiros, gerando a necessidade de apropriação de seus projetos por parte de outros grupos que entenderam como perigosas aquelas experiências; por outro, a educação burguesa também fornecerá elementos à apropriação, na medida em que partem da valorização da ciência, diferindo suas formas de analisar e conceber a natureza, de dar legitimidade ao modelo de organização social existente.

O material encontrado narra a grande dificuldade em transformar os princípios da educação racional em princípios efetivamente ordenadores dessas experiências, numa possível preocupação com a forma burguesa que essas escolas estariam assumindo.

Entendemos ainda que a crítica quanto a um projeto de educação privatista do ensino por parte dos anarquistas revela a necessidade de revisão daquelas iniciativas, pois a escola burguesa

---

"Escola Moderna Nº1" de São Paulo. Ambos *In: Educació i Història núm.1. Revista d'història de l'éducació.* Revisió internacional de la figura i de l'óbra de Francesc Ferrer i Guardia: Barcelona, 1994.

é negada como instituição por corporificar tudo aquilo contra o qual se luta. A escola não se coloca modelarmente para realizar a educação racional e não ocupa lugar de privilégio comparativamente aos demais lugares da rede. Ela é construída como uma forma possível de educação que pretende resistir a destruição da livre consciência.

A instrução e o domínio dos conhecimentos são fundamentais na construção de uma nova concepção da vida. A educação racional é a discussão específica que opera a ligação entre todas as iniciativas que concorrem para a emancipação do homem.

Dos sonhos...

Do fracasso da democracia surge o sindicalismo. A dura escola da experiência ensinou aos trabalhadores que, apesar das leis serem feitas pelos escolhidos do povo... eles trabalhadores eram pobres e continuam pobres, e como tais são obrigados a suportarem o jugo patronal...[1]

...É organizando-se que o proletariado consegue a potência máxima da sua ação. O sindicato que sistematiza a ação de todos, é uma escola de vontade e energia pessoais e coletivas, e nele se desenvolve e se solidifica a consciência da inteligência e do braço....[2]

Sonhadores apaixonados, mais que quaisquer outros sabem onde está o inimigo e contra ele esgotam todas as energias, toda a seiva, serenamente; não se lhes pode cortar o vigor, nem fazer secar.

O futuro, vivo na esperança, constrói incessantemente a sua casa, onde os espaços solidários são capazes de abrigar o mundo

---

1 Elias da Silva. Sindicalismo Revolucionário. *A Voz do Trabalhador*. Ano VII, Nº 59 (julho/1914).

2 Os Comícios Semanais da FORJ. *A Voz do Trabalhador*. Ano VIII, Nº 66 (janeiro/1915)

que se gesta a cada rebeldia, a cada ato de negação e resistência, ainda que assim não possam ser vistos ao primeiro olhar.

A vida, repleta de contradições, não formulou seu veredicto. Construindo e desconstruindo sonhos, ela nos remete a um percurso errante e não necessariamente errado. A estrada comprida da vida destes homens sonhadores sempre teve marcos e margens; os dias nunca foram iguais, pois construíram casas demolindo edifícios.

Os desvios trilhados puderam sinalizar os caminhos. O hoje não se confundia com o ontem e o amanhã sempre esteve presente. O que se espera está para diante; os sonhos não vivem o nosso tempo, eles se rebelam e resistem à crueza dos caminhos.

Scusi, professore, lei há la scopeta?[3]

3 Tradução: Com licença, professor, há um scopeta?

Referências

ANTUNHA, Heládio César Gonçalves. A instrução pública no Estado de São Paulo - A Reforma de 1920. *Rev. Estudos e Documentos,* publicação da Faculdade de Educação/USP. v. 12, São Paulo, 1976.

BARROS, Roque Spencer Maciel de. *Ensaios Sobre Educação,* São Paulo: Universidade de São Paulo, Grijalbo 1971.

BEIGUELMAN, Paula. *Os companheiros de São Paulo.* 2.ed. São Paulo: Global, 1981 (Teses 3).

Boletim da Escola Moderna: Suplemento sobre a Obra de Ferrer. Fac Simile. Centro de Memória Sindical & Arquivo do Estado de São Paulo: São Paulo, 1991.

BOSI, Ecléa. Cultura de Massa e Cultura Popular: Leituras de Operários. Petropolis. Vozes, 1989.

CARONE, Edgard. A Primeira República: Corpo e Alma do Brasil. São Paulo, DIFEL, 1969.

CARONE, Edgard. Movimento Operário no Brasil (1877-1944). 2.ed. São Paulo: DIFEL, 1984.

CARPINTÉRO, Marisa Varanda Teixeira. Imagens do conforto: a casa operária nas primeiras décadas do século XX em São

Paulo. *In: Imagens da Cidade. Séculos XIX e XX*. org. Stella Bresciani. ANPUH/São Paulo, Marco Zero/FAPESP, 1994.

CARVALHO, Marta Maria Chagas. *Molde nacional e fôrma cívica: higiene e trabalho no projeto da Associação Brasileira* de Educação (1924-1931). Tese de doutorado: São Paulo, FEUSP, 1986.

_______. *A Escola e a República (Tudo é História, 127)*. São Paulo, Brasiliense, 1989.

CHALHOUB, Sidney. Classes Perigosas. *In: Trabalhadores: Classes Perigosas*. Associação Cultural do Arquivo Edgard Leuenroth. UNICAMP/IFCH. Campinas, 1990.

_______. T*rabalho, lar e botequim. O cotidiano dos trabalhadores no Rio de Janeiro da Belle Époque*. São Paulo: Brasiliense, 1986.

_______. *Visões da Liberdade: uma visão das últimas décadas da escravidão na corte*. São Paulo: Companhia das Letras, 1990.

DARTON, Robert. *O beijo de Lamourette: média, cultura e revolução*. São Paulo: Companhia Editora Nacional, 1990.

DEL ROIO, José Luiz (org.) Imigração e movimento operário no Brasil: uma interpretação. *In: Trabalhadores no Brasil: imigração e industrialização*. São Paulo: Ícone/Edusp, 1990.

DIAS, Everardo. *História das Lutas Sociais no Brasil*. São Paulo: Alfa-Omega, 1977

DÓRIA, Carlos Alberto. Ensaios enveredados. São Paulo, Siciliano, 1991.

FAUSTO, Boris. *Trabalho Urbano e Conflito Social (1820-1920)*. Rio de Janeiro: DIFEL, 1977.

FERREIRA, Maria Nazareth. *A imprensa operária no Brasil, 1880-1920*. Petrópolis: Vozes, 1978.

FOUCAULT, Michel-El. *Ordem del discurso.* Tusquets Editores S.A. Barcelona, 1987.

FRANCO, Maria Sylvia de Carvalho. *Homens livres na ordem escravocrata.* 3.ed. São Paulo, Kairós, 1983.

GALLO, Silvio. "Ferrer I Guardia e a Pedagogia Racional: uma educação para a liberdade". *In: Educació i Història núm.1. Revista d'història de l'éducació.* Revisió internacional de la figura i de l'óbra de Francesc Ferrer i Guardia. Barcelona, 1994.

GARCIA, Liliana Bueno dos Reis. "O projeto dos movimentos sociais dos camponeses: um balanço histórico". Departamento de Planejamento Regional. IGCE-UNESP. Campus de Rio Claro. *Revista Geografia,* 10(19): p. 147-162, abril 1985.

GHIRALDELLI JR., Paulo. *Educação e movimento operário no Brasil.* São Paulo: Cortez, 1987.

GOMES, Sônia de Conti. *Bibliotecas e sociedade na primeira república.* São Paulo: Pioneira [Brasília]: INL, Fundação Nacional Pro-Memória, 1983.

HARDMAN, Francisco Foot & LEONARDI, Victor. História da Indústria e do Trabalho: das origens aos anos vinte. São Paulo: Global, 1982 (Teses Nº 6)

HARDMAN, Francisco Foot. *Nem pátria, nem patrão: vida operária e cultura anarquista no Brasil.* São Paulo: Brasiliense, 1983.

IMPRENSA OFICIAL DE SP. Jornal *A Voz do Trabalhador*. Órgão da Confederação Operária Brasileira. Edição Fac-simile 1908 – 1915. São Paulo: Imprensa Oficial do Estado: Secretaria do Estado da Cultura: Centro de Memória Sindical, 1985.

INFANTOSI, Ana Maria C.. *A escola na República Velha. A Escola na República Velha; Expansão do ensino primário em São Paulo.* São Paulo: E DEC, 1983.

JOMINI, Regina Celia Mazoni. *Uma educação para a solidariedade: contribuição ao estudo das concepções e realizações educacionais dos anarquistas na República Velha.* Campinas: Pontes, 1990.

KOVAL, Boris. História do Proletariado Brasileiro. p. 104-110 Revista do Centro de Estudos Socociais. Editora UEG SEIP nº 16, 1963.

KOWARICK, Lucio. *Trabalho e vadiagem. A origem do trabalho livre no Brasil.* Rio de Janeiro: Paz e Terra, 1994.

LARA, Silvia Hunold. *Campos da Violência. Escravos e senhores na capitania do Rio de Janeiro: 1750-1808.* Rio de Janeiro: Paz e Terra, 1988.

LEUENROTH, Edgard. *Anarquismo - Roteiro da libertação social.* Rio de Janeiro: Mundo Livre, 1963.

LUIZETTO, Flavio. Presença das ideias de Ferrer no Brasil: o exemplo da "Escola Moderna Nº 1" de São Paulo. *In: Educació i Història núm.1. Revista d'història de l'éducació.* Revisió internacional de la figura i de l'óbra de Francesc Ferrer i Guardia. Barcelona, 1994.

LUNA, Luiz. *O negro na luta contra a escravidão.* 2.ed. Rio de Janeiro: Cátedra/INL, 1976.

MARAN, Sheldon Leslie. *Anarquistas, Imigrantes e o Movimento Operário Brasileiro, 1890-1920.* Rio de Janeiro: Paz e Terra, 1979.

MARTINS, Ana Luiza. A invenção e ou eleição dos símbolos urbanos: História e memórias da cidade Paulista. *In:* Imagens da cidade. São Paulo: Marco Zero, 1994. p. 177-190.

MARTINS, José de Souza. *A chegada do estranho.* São Paulo: Hucitec, 1993.

MARTINS, José de Souza. *O cativeiro da Terra.* São Paulo: LECH-Livraria Editora Ciências Humanas, 1981.

MELLO, Fernando Figueira de. *"Memória de Mariano Pereira dos Santos, ex-escravo"*, in *Trabalhadores*. Secretaria Municipal de Cultura, Esportes e Turismo de Campinas, 1989, pp. 20-24.

MOISÉS, Sarita M. Affonso. Leitura e apropriações de textos por escravos e libertos no Brasil do século XIX. *In: Educação e Sociedade*. CEDES (Centro de Estudos de Educação e Sociedade). Campinas: Papirus. Ano XV, Nº 48, agosto/94.

MORAES, Carmen Sylvia Vidigal. *A socialização da força de trabalho: Instrução e qualificação profissional no Estado de São Paulo-1873 a 1934*. Tese de doutorado, FEUSP: São Paulo, 1990.

MORSE, Richard M. *Formação Histórica de São Paulo*. São Paulo: DIFEL 1970.

NAGLE, Jorge. A educação na Primeira República. *In: História Geral da Civilização Brasileira,* Tomo III, 2º v., cap. VII. São Paulo: DIFEL, 1977.

NÓVOA, Antonio. Para o estudo sócio-histórico da gênese e desenvolvimento da profissão docente. *Teoria e Educação,* 4, 1991.

PENTEADO, Jacob. *Belenzinho, 1910 (Retrato de uma época)*. São Paulo: Martins, 1962.

PERROT, Michelle. *Os excluídos da História*. Rio de Janeiro: Paz e Terra, 1988.

PINHEIRO, Paulo Sérgio. O Proletariado Industrial na Primeira República. *In: História Geral da Civilização Brasileira,* Tomo III, 2º v., cap. IV. São Paulo, DIFEL, 1977.

PINHEIRO, Paulo Sérgio & HALL, Michael M. *A classe operária no Brasil*. Documentos (1889 a 1930). v.I. São Paulo: Alfa-Omega, 1979

RAGO, Margareth. *Do cabaré ao lar: utopia da cidade disciplinar: Brasil 1890-1930*. Rio de Janeiro: Paz e Terra, 1985.

REIS, João José (org.). *Escravidão e invenção da liberdade.* São Paulo: Brasiliense, 1988.

REIS, João José. *Rebelião escrava no Brasil. A história do levante dos malês (1835)*. São Paulo: 1986;

RIZZINI, Carlos. *O Livro, o Jornal e a Tipografia no Brasil, 1500-1822: com um breve estudo geral sobre a informação.* - Ed. fac--similar - SP: Imprensa Oficial do Estado de São Paulo, 1988.

RODRIGUES, Edgar. *Socialismo e Sindicalismo no Brasil (1675-1913)*. Rio de Janeiro: Laemmert, 1969.

SCHAPOCHNIK, Nelson. Contextos de Leitura no Rio de Janeiro do século XIX: Salões, Gabinetes Literários e Bibliotecas. *In: Imagens da Cidade.* São Paulo: Marco Zero, 1994.

SIMÃO, Azis. Sindicato e Estado: *Suas relações na formação do proletariado de São Paulo.* São Paulo: Dominus. 1966.

TRENTO, Angelo.Miséria e esperanças: a emigração italiana para o Brasil: 1887-1902, *In: Trabalhadores no Brasil: imigração e industrialização,* DEL ROIO, José Luiz (org.) São Paulo: Ícone/Edusp, 1990.

VARELA, Julia & ALVAREZ-URIA, Fernando. A maquinaria escolar. *In: Teoria & Educação,* Nº 6. Porto Alegre, Pannonica Editora, 1992.

WOODCOCK, George. *Anarquismo: Uma história das ideias e movimentos libertários.* v. I e II. Porto Alegre: L&PM, 1983.

Alameda nas redes sociais:
Site: www.alamedaeditorial.com.br
Facebook.com/alamedaeditorial/
Twitter.com/editoraalameda
Instagram.com/editora_alameda/

Esta obra foi impressa em São Paulo no outono de 2020. No texto foi utilizada a fonte Arno Pro em corpo 11 e entrelinha de 16 pontos.